Umweltmediation

Möglichkeiten und Grenzen

von

Christian Neuert

Tectum Verlag
Marburg 2001

Die Deutsche Bibliothek - CIP-Einheitsaufnahme

Neuert, Christian:
Umweltmediation.
Möglichkeiten und Grenzen.
/ von Christian Neuert
- Marburg : Tectum Verlag, 2001
ISBN 3-8288-8320-6

© Tectum Verlag

Tectum Verlag
Marburg 2001

Inhalt

1. Einleitung 7

2. Mediation als Konfliktmanagementmodell 11
   2.1. Konflikt und Konfliktbehandlung 11
   2.2. Historische Entwicklung der Mediation 14
   2.3. Definition des Begriffs „Mediation" 16
   2.4. Grundlagen der Mediation 18
      2.4.1. Prinzipien 18
      2.4.2. Anforderungen an den Mediator 20
   2.5. Abgrenzung zu anderen Konfliktlösungsmodellen 23
   2.6. Anwendungsgebiete der Mediation 26
   2.7. Besonderheiten der Umweltmediation 27
   Zusammenfassung 31

3. Umweltmediation im Kontext deutscher Umweltpolitik und -verwaltung 33
   3.1. Umweltpolitik, Umweltrecht und Umweltverwaltung in Deutschland 34
   3.2. Mängel an traditionellen Verfahren 37
   3.3. Einbindung der Mediation in das Verwaltungsverfahren 46
   Zusammenfassung 49

4. Ziele und Chancen der Umweltmediation 53
   Zusammenfassung 57

Inhalt

5. Harvard-Konzept und Transformationsansatz ... 59
5.1. Das Harvard-Konzept ... 59
5.2. Schwächen des Harvard-Konzepts ... 62
5.3. Der Transformationsansatz ... 64
Zusammenfassung ... 65

6. Ablauf des Umweltmediationsverfahrens ... 67
6.1. Die Phasen des Verfahrens ... 67
    6.1.1. Initiierungsphase ... 68
    6.1.2. Vorbereitungsphase ... 69
    6.1.3. Erarbeitungs- oder Durchführungsphase ... 70
    6.1.4. Entscheidungs- und Umsetzungsphase ... 71
6.2. Arbeitsformen ... 72
Zusammenfassung ... 74

7. Fallbeispiel: Abfallwirtschaftskonzept des Kreises Neuss ... 75
7.1. Hintergrund ... 75
7.2. Verfahrensablauf ... 76
7.3. Ergebnisse ... 79
Zusammenfassung ... 81

8. Zur Professionalisierung der Umweltmediation in Deutschland ... 83
8.1. Entwicklung von Qualitäts- und Ausbildungsstandards in der Umweltmediation ... 83
8.2. Qualifikationsanforderungen an den Mediator ... 84
Zusammenfassung ... 85

9. Grenzen und Risiken der Umweltmediation 87
   Zusammenfassung 95

10. Internationaler Überblick über den Stand der Umweltmediation 97
    10.1. USA 97
    10.2. Kanada 99
    10.3. Japan 100
    10.4. Weitere Staaten 100
    Zusammenfassung 101

11. Evaluation von Umweltmediationsverfahren 103
    Zusammenfassung 104

12. Zusammenfassende Diskussion und Ausblick 105

Literatur 115

Danksagung 123

Inhalt

1. Einleitung

Seit den siebziger Jahren des 20. Jahrhunderts ist es vor allem in den demokratisch regierten Industriegesellschaften zu einem starken Anstieg der Konflikte im Umweltbereich gekommen (vgl. FIETKAU u. WEIDNER 1998:15). Dennoch scheint die Bedeutung der Umweltproblematik für das demokratische Selbstbewußtsein einer Gesellschaft noch nicht von allen erkannt worden zu sein (vgl. BECK 1989:12).

Nicht zuletzt spektakuläre Unfälle wie die Kernschmelze von Tschernobyl oder das Chemieunglück von Basel haben die Bevölkerung gegenüber Umweltrisiken sensibilisiert. Die Verunsicherung hinsichtlich Sinn und Nutzen von Anlagen, die im Schadensfall katastrophale Auswirkungen auf die Umwelt nach sich ziehen, ist groß (vgl. RENN 1995:19). Aber nicht nur diese Großrisiken, sondern auch unmittelbare regionale und lokale Umweltrisiken, denen sich der Bürger im Alltag ausgesetzt sieht, werden zunehmend kritischer betrachtet. Die Bereitschaft des Bürgers, sich für seine eigenen Interessen einzusetzen, wächst dabei um so mehr, je stärker er durch umweltpolitische Entscheidungen des Staates bestimmten Risiken und Belastungen ausgesetzt wird. So ist es zu Veränderungen im Selbstverständnis des Bürgers gekommen. Er ist politisch selbstbewußter geworden, erwartet die Berücksichtigung seiner Interessen durch den Staat und verlangt nach mehr Mitsprache. Auch zeigt er zunehmendes Mißtrauen und verstärkten Widerstand gegenüber Risiken, die ihren Ursprung in politischen Entscheidungen oder administrativen Maßnahmen haben (vgl. ZILLEßEN 1998c:54).

Kapitel 1

Durch dieses gewachsene Selbstverständnis des Bürgers verschärft sich das Akzeptanzproblem politischer, speziell umweltpolitischer Entscheidungen. Um zusätzlich drohenden Konflikten aus dem Weg zu gehen, sind infolgedessen neue Kooperationsformen und -verfahren gefragt, die den betroffenen Bürger sinnvoll in den umweltpolitischen Entscheidungsprozeß mit einbeziehen (vgl. ZILLEßEN 1998c:54). Das Verfahren der Umweltmediation wird von vielen als eine solche neue Kooperationsform angesehen.

In der folgenden Arbeit sollen Möglichkeiten und Grenzen der Umweltmediation — insbesondere hier in Deutschland — erarbeitet und kritisch betrachtet werden. Dazu ist die vorliegende Abhandlung in verschiedene Teilbereiche untergliedert:

Nach einem einführenden Exkurs zum Thema „Konflikt und Konfliktbehandlung" wird zunächst auf die geschichtliche Entwicklung von Mediation eingegangen. Im Anschluß daran wird Mediation als Konfliktlösungsmodell ausführlich erläutert. Neben einer Darstellung der Grundlagen erfolgt auch die Abgrenzung der Mediation zu anderen Konfliktlösungsmodellen. Des weiteren werden Anwendungsgebiete der Mediation beschrieben und Besonderheiten der Umweltmediation herausgestellt (Kapitel 2).

Im Anschluß daran wird Mediation im Kontext deutscher Umweltpolitik und -verwaltung betrachtet. Dazu werden Mängel von traditionellen Verfahren sowie Möglichkeiten der Einbindung von Mediation in das Verwaltungsverfahren aufgezeigt (Kapitel 3).

Kapitel 4 beschäftigt sich mit den Zielen und Chancen von Umweltmediationsverfahren. Die Möglichkeiten, die sich aus der

Einleitung

Anwendung von Umweltmediation ergeben können, stehen hier im Mittelpunkt.

Das darauffolgende Kapitel erläutert die Ansätze, an denen sich Mediation hauptsächlich orientiert — das Harvard-Konzept und den Transformationsansatz.

Kapitel 6 widmet sich speziell dem Ablauf eines (Umwelt-) Mediationsverfahrens. Eingegangen wird dabei zum einen auf die Phasenhaftigkeit des Verfahrens und zum anderen auf mögliche, für das Mediationsverfahren geeignet erscheinende Arbeitsformen.

Anschließend folgt die beispielhafte Darstellung eines in Deutschland durchgeführten Mediationsverfahrens, bei dem neben den Vorteilen, die sich durch den Einsatz von Mediation im Umweltbereich ergeben können, insbesondere auch einige mit diesem Verfahren verbundene Probleme und Schwierigkeiten offensichtlich werden (Kapitel 7).

Kapitel 8 befaßt sich mit der Professionalisierung der Umweltmediation in Deutschland. Dazu wird das Augenmerk auf die Entwicklung von Qualitäts- und Ausbildungsstandards in der Umweltmediation sowie auf Qualifikationsanforderungen an den Mediator gerichtet.

Das Kapitel 9 bildet einen Schwerpunkt der Arbeit. Hier werden Grenzen und Risiken, die bei der Anwendung von Umweltmediation zutage treten können, gezielt aufgezeigt.

Im Anschluß daran wird ein kurzer internationaler Überblick über den Stand der Umweltmediation unter besonderer Berücksichtigung der USA, Kanada und Japan gegeben (Kapitel 10).

Das vorletzte Kapitel (Kapitel 11) geht auf Mängel und Schwierigkeiten hinsichtlich der Evaluation von Umweltmediationsverfahren ein.

Kapitel 1

Die Arbeit schließt mit einer zusammenfassenden Diskussion, in der noch einmal die wesentlichen Aspekte zusammengetragen und kritisch diskutiert werden. Ferner enthält dieses letzte Kapitel auch einen kurzen Ausblick in bezug auf die mögliche zukünftige Entwicklung und Bedeutung von Umweltmediation (Kapitel 12).

Dem Leser, der sich einen schnellen Überblick über die Arbeit verschaffen möchte, seien neben dem Schlußkapitel die kurzen Zusammenfassungen an den jeweiligen Kapitelenden empfohlen.

2. Mediation als Konfliktmanagementmodell

2.1. Konflikt und Konfliktbehandlung

Um zu einem erweiterten Verständnis von Mediation als Konfliktmanagementmodell zu gelangen, ist es notwendig, den oftmals negativ besetzten und unpräzise verwendeten Begriff „Konflikt" ein wenig genauer zu betrachten. Dabei erweist sich ein Konfliktbegriff als hilfreich, der besonderen Wert auf die Beziehungen zwischen den Konfliktparteien und die dort vorhandenen Gegensätzlichkeiten legt. GLASL (1992:14f) liefert eine entsprechende Definition. Danach versteht man unter einem — wie er es nennt — „Sozialen Konflikt"

„ *[...] eine Interaktion*

- *zwischen Aktoren (Individuen, Gruppen, Organisationen usw.),*
- *wobei wenigstens ein Aktor*
- *Unvereinbarkeiten im Denken/Vorstellen/Wahrnehmen und/oder Fühlen und/oder Wollen*
- *mit dem anderen Aktor (anderen Aktoren) in der Art erlebt,*
- *dass im Realisieren eine Beeinträchtigung*
- *durch einen anderen Aktor (die anderen Aktoren) erfolge."*

Konflikte sind etwas Alltägliches und notwendig für den Prozeß des sozialen Wandels. Die Formen der Austragung eines Konflikts können dabei sehr unterschiedlich ausfallen. So lassen sich Konflikte z.B. durch Verdrängung des Geschehens, Akzeptieren einer gegebenen Situation oder aber auch Resignation bewältigen. Ebenso können Verhandlungen begonnen oder Schlichter, Streithelfer oder eine autoritäre Macht mit einbezogen werden. Auch mehr oder weniger aggressive Selbsthilfe erscheint möglich (vgl. PROKSCH 1998:115,

11

Kapitel 2

1999a:41). Je nach Art und Weise der Konfliktaustragung kann diese als eher destruktiv oder konstruktiv beurteilt werden. Konstruktive Konfliktaustragung bedeutet, eine Lösung für das bestehende Problem zu suchen, ohne andere in den Konflikt involvierte Personen anzugreifen. D.h. es erfolgt eine strikte Trennung zwischen Menschen und Problemen. Ebenso wichtig ist die Unterscheidung zwischen Positionen und Interessen. So erscheint eine einvernehmliche Problemlösung oftmals nicht möglich, wenn auf festgefahrenen Positionen, d.h. auf unverrückbar erscheinenden Vorstellungen darüber, wie ein Problem gelöst werden sollte, beharrt wird. Gelingt es jedoch, die hinter den Positionen verborgenen Interessen zu Tage zu fördern, kann oftmals eine Befriedigung dieser Interessen erreicht werden (vgl. BESEMER 1999:25). Unabdingbare Notwendigkeit für eine konstruktive Konfliktaustragung ist die Vermittlung von gegenseitiger Wertschätzung und Respekt, um die Grundlage für eine strukturierte und konzentrierte Kommunikation zu liefern.

Zur Konfliktbehandlung gibt es viele unterschiedliche Wege und Methoden, denn der wertneutrale Oberbegriff „Konfliktbehandlung" bezeichnet lediglich das Aktiv-Werden eines handelnden Subjekts. Dies kann z.B. eine Konfliktpartei, ein Interessenvertreter oder auch eine neutrale dritte Partei[1] im Konflikt sein (vgl. GLASL 1992:17f). Von der Einzelfallsituation hängt es letztendlich ab, welche Methode als geeignet angesehen werden darf. Dabei muß insbesondere die Bereitschaft und Fähigkeit der Konfliktparteien zur Kommunikation und Kooperation mit berücksichtigt werden.

---

[1] Neutrale dritte Partei bedeutet nicht, daß zwangsläufig genau noch zwei weitere (Konflikt-)Parteien existieren müssen, sondern lediglich, daß zusätzlich zu allen bereits vorhandenen Konfliktparteien eine neutrale weitere Partei als handelndes Subjekt aktiv wird.

Mediation als Konfliktmanagementmodell

Grundsätzlich besteht also die Möglichkeit, bei der Behandlung eines Konflikts eine zusätzliche weitere dritte Partei mit einzubeziehen. Verschiedene Verfahren und Ansätze sind bekannt und erprobt. Zu nennen wären z.b. die Prozeßbegleitung, die Moderation, das Schiedsverfahren, der Gerichtsentscheid oder aber auch die Mediation[2] (vgl. PROKSCH 1998:116). Die Verfahren unterscheiden sich deutlich voneinander, insbesondere auch dadurch, ob sie grundsätzlich einen mehr präventiven, d.h. konfliktvorbeugenden oder einen eher kurativen, d.h. konfliktbegleitenden Charakter besitzen. Sowohl präventive wie auch kurative Konfliktbehandlung zielen auf eine Beeinflussung der Konfliktsituation ab. Dabei können unterschiedliche Aspekte eines Konflikts im Mittelpunkt der Beeinflussungsbemühungen stehen (vgl. dazu GLASL 1992:18).

Der Schwerpunkt einer Konfliktbehandlung kann zum einen auf die Beeinflussung des vorhandenen Konfliktpotentials gelegt werden: Persönliche Faktoren wie z.B. bestimmte Verhaltensgewohnheiten, eine vorhandene Charakterstruktur oder aber sachliche Faktoren wie etwa eine mangelhafte Organisationsstruktur oder eine unzureichende Funktionsabgrenzung sind Faktoren, die Konflikte zwischen den Aktoren begünstigen oder provozieren können.

Eine Konfliktbehandlung kann schwerpunktmäßig zum anderen aber auch auf die Beeinflussung des Konfliktprozesses ausgerichtet sein: Aktionen und Gegenaktionen rufen eine Kette verbaler und nonverbaler Verhaltensweisen hervor, so daß der Konfliktprozeß schließlich von Mechanismen bestimmt wird, die zu Verzerrungen im Denken und in der Wahrnehmungsfähigkeit führen können.

---

[2] Zur Unterscheidung der Verfahren vgl. Kapitel 2.5. Abgrenzung zu anderen Konfliktlösungsmodellen.

Kapitel 2

Hat der Konfliktprozeß — beabsichtigt oder unbeabsichtigt — bereits zu sachlichen oder persönlichen Auswirkungen geführt, kann in einer Konfliktbehandlung das Augenmerk auf eine Beeinflussung der Konfliktfolgen gelegt werden.

Mediation als ein mögliches Verfahren zur Konfliktbehandlung durch eine dritte Partei soll nun zunächst in ihren Grundzügen ein wenig detaillierter dargestellt werden.

2.2. Historische Entwicklung der Mediation

Mediation weist eine lange Tradition auf und ist in ganz unterschiedlichen Kulturkreisen anzutreffen. Der Begriff „Mediation" stammt aus dem Lateinischen und bedeutet „Vermittlung [...] in einem Streit" (DUDEN 1986:452). Die dahinterstehende Idee, Konflikte durch Vermittlung unter Zuhilfenahme eines neutralen Dritten zu lösen, ist nicht neu. So ist läßt sich nachweisen, daß Mediation bereits in der Antike angewandt wurde.

Überliefert sind z.B. die Vermittlungsangebote und -dienste kleinerer Städte des antiken Griechenlands bei Streitigkeiten zwischen den beiden großen Stadtstaaten Athen und Sparta.

Auch im antiken Rom fand das Modell der Mediation Anwendung. Dort bot der „mediator amicabilis" (der freundschaftliche Mediator) seine neutralen und allparteilichen Vermittlungsdienste an (vgl. PROKSCH 1999b:171).

Einen besonders hohen Stellenwert besaß Mediation zu dieser Zeit im chinesischen Kulturkreis. Dort war sie — und grundsätzlich hat sich dies bis heute nicht geändert — das vorrangige Mittel zur Konfliktbeilegung (vgl. FUCHS et al. 1998:10). Hoch geschätzt wurde

Mediation als Konfliktmanagementmodell

die vermittelnde Vorgehensweise dort insbesondere aufgrund von Wertvorstellungen, die der konfuzianischen Sichtweise entstammen und die besagen, daß sich vor allem durch Einsicht und Vereinbarungen befriedende Konfliktlösungen erreichen lassen. Gegnerische Verfahrensstrukturen widersprachen dagegen zentralen konfuzianischen Gedanken von Frieden und Verständigung, da sie als störend für eine harmonische Beziehung angesehen wurden (vgl. PROKSCH 1995:173).

Von großer Bedeutung war der Versöhnungs- und Vermittlungsgedanke auch in Japan. Dort wurde z.b. vom Vorsitzenden einer Dorfgemeinschaft traditionell erwartet, daß er die Mitglieder des Dorfes bei der Regelung von Konflikten unterstützte. Auch heute ist in Japan die Tradition von Versöhnung und Vermittlung weiterhin vorherrschend (vgl. PROKSCH 1999b:172).

Vermittlungsmodelle zur Konfliktlösung wurden ferner in der christlichen Religion eingesetzt. So war die katholische Kirche in Westeuropa bis zur Renaissance die wahrscheinlich bedeutendste Konfliktregelungsorganisation bei Ehe- und Familienstreitigkeiten, Straftaten sowie diplomatischen und kriegerischen Auseinandersetzungen (vgl. MOORE 1986:19).

Auch in weiten Teilen Afrikas war Mediation nicht unbekannt. Dort wurden im allgemeinen respektierte Persönlichkeiten traditionell als Vermittler in Streitfragen eingesetzt, um bei ihrer Lösung behilflich zu sein (vgl. FUCHS et al. 1998:10).

Weiterhin lassen sich in lateinamerikanischen und spanischen Kulturen sowie für Bereiche der Südsee Erfahrungen im Umgang mit Mediation nachweisen (vgl. MOORE 1986:20).

In neuerer Zeit fand der Begriff der „Mediation" als Konfliktlösungsmodell erstmals im Bereich des Völkerrechts Erwähnung. Vermittlungen in völkerrechtlichen Konflikten durch eine

Kapitel 2

neutrale dritte Kraft sind etwa seit dem 19. Jahrhundert belegbar (vgl. FUCHS et al. 1998:10).

Die USA haben vor gut einhundert Jahren ihre ersten Erfahrungen mit Mediation gemacht (vgl. PROKSCH 1999b:172).

Das wesentliche Verfahrensmerkmal der Mediation — das Vermitteln in Streitfragen — ist damit sicherlich keine Innovation der neuesten Zeit. Dennoch ist Mediation gerade hier in Deutschland erst kürzlich verstärkt ins öffentliche Interesse gerückt.

2.3. Definition des Begriffs „Mediation"

Bis heute gibt es noch keine universelle und allgemein verbindliche Definition des Begriffs der „Mediation". So wird „Mediation" teilweise etwas unterschiedlich bzw. mehr oder weniger detailliert definiert. Die verschieden formulierten Definitionen und Begriffserklärungen weisen jedoch Übereinstimmungen hinsichtlich der wesentlichen Merkmale von Mediation auf. Daher erscheint es möglich, zumindest eine Art Minimal-Definition von „Mediation" zu geben, die Möglichkeiten für weitere Ergänzungen offen läßt. Um der Flut der unterschiedlich formulierten Definitionen nicht noch eine weitere (eigene) Definition hinzuzufügen, sollen hier stellvertretend zwei Definitionen des Begriffs „Mediation" wiedergegeben werden, die — sich gegenseitig ergänzend — die entscheidenden Wesensmerkmale der Mediation beinhalten.

Nach MOORE (1986:14) kann Mediation wie folgt definiert werden:

Mediation als Konfliktmanagementmodell

"Mediation is the intervention into a dispute or negotiation by an acceptable, impartial, and neutral third party who has no authoritative decision-making power to assist disputing parties in voluntarily reaching their own mutually acceptable settlement of issues in dispute."

Eine ähnliche Definition liefert BREIDENBACH (1995:4):

"Mediation ist die Einschaltung eines (meist) neutralen und unparteiischen Dritten im Konflikt, der die Parteien bei ihren Verhandlungs- und Lösungsversuchen unterstützt, jedoch über keine eigene (Konflikt-)Entscheidungskompetenz verfügt."

Damit sind die wesentlichen Merkmale von Mediation bereits benannt:

> Existenz eines Konflikts
> Anwesenheit vermittelnder, allseits akzeptierter Dritter (Mediatoren[3])
> All- bzw. Unparteilichkeit der Mediatoren
> Keine Entscheidungsbefugnis der Mediatoren in bezug auf eine mögliche Lösung des Konflikts
> Einbeziehung der Konfliktparteien in die Mediation
> Eine von den Konfliktparteien selbstbestimmte und eigenverantwortete Entscheidungsbefugnis zur Konfliktregelung

---

[3] Hier und im folgenden soll aufgrund der besseren Lesbarkeit nur die männliche Form des Begriffs verwendet werden. Die weibliche Form ist implizit mitgedacht.

Kapitel 2

2.4. Grundlagen der Mediation

Mediation ist ein Verfahren zur eigenverantwortlichen Regelung von Konflikten zwischen mindestens zwei Parteien. Dabei werden als Mittler im Konflikt ein oder mehrere Mediatoren eingesetzt. Das Verfahren ist strukturiert und prozeßhaft organisiert.[4]

2.4.1. Prinzipien

Für die Gestaltung von Mediationsverfahren lassen sich einige Grundprinzipien formulieren:

Freiwilligkeit: Freiwilligkeit bedeutet, daß die Teilnahme am Mediationsprozeß aus freiem Willen erfolgt[5] und daß der Prozeß zu jedem Zeitpunkt von jedem der Beteiligten, d.h. von jeder Konfliktpartei oder aber auch vom Mediator beendet werden kann. Freiwilligkeit bedeutet weiterhin, daß keine der Parteien in ihrer Selbstbestimmung beschränkt ist (vgl. PROKSCH 1998:118).

Allparteilichkeit und Neutralität der Mediatoren: Für einen glaubwürdigen und erfolgversprechenden Ablauf einer Mediation ist es notwendig, daß der Mediator eine neutrale und allparteiliche Haltung an den Tag legt, indem er sich für die Interessen und Belange aller Parteien einsetzt und keine der beteiligten Parteien

---

[4] Vgl. dazu auch Kapitel 6. Ablauf eines Umweltmediationsverfahrens.

[5] Das Prinzip der Freiwilligkeit ist in dieser Form in den Einzelstaaten der USA nicht vorhanden. So wird dort durch Verordnungen und Gesetze geregelt, daß z.B. eine Klage vor Gericht nur dann erlaubt ist, wenn die Konfliktparteien vorher den Versuch unternommen haben, ihre Auseinandersetzung unter der Zuhilfenahme von Mediation zu regeln. Vielfach werden die Klagebegehren auch direkt an gerichtlich autorisierte Mediatoren weitergeleitet (ZILLEßEN 1996:8).

übervorteilt (vgl. GÜNTHER 1999a:35). Diese Haltung impliziert jedoch nicht, daß er keine eigene Meinung zu bestimmten Ansichten einer Konfliktpartei haben darf (vgl. MOORE 1986:15). Neutralität bedeutet lediglich, daß er kein Verfechter einer spezifischen Position sein darf. Statt dessen muß er in der Lage sein, unterschiedliche Positionen und Interessen im Verfahren als gleichwertig zu behandeln (vgl. FIETKAU 1994:17).

Eigenverantwortlichkeit der Konfliktparteien: Die Konfliktparteien sind die Experten für ihr eigenes Problem. Ihre Bedürfnisse und Interessen im Mediationsprozeß nehmen sie eigenständig und selbst wahr (vgl. FIETKAU u. WEIDNER 1998:64).

Informiertheit und Offenheit der Beteiligten: Es ist notwendig, daß bei den Konfliktparteien die Bereitschaft zur Offenlegung aller für die Entscheidungsfindung relevanten Fakten vorhanden ist. Erst die Kenntnis sämtlicher für die anstehende Entscheidung bedeutsamer Informationen macht es den Konfliktparteien möglich, die Tragweite ihrer Entscheidung zu beurteilen (vgl. PROKSCH 1998:118).

Vertraulichkeit hinsichtlich der Mediationsinhalte: Die Inhalte der Mediation sind vertraulich zu behandeln. Mit Zustimmung der an der Mediation Beteiligten dürfen jedoch Informationen über den Stand des Mediationsverfahrens an die Öffentlichkeit weitergegeben werden (vgl. FIETKAU u. WEIDNER 1998:65).[6]

---

[6] Gerade bei Mediationsverfahren, die von öffentlichem Interesse sind, erscheint eine Beteiligung der Öffentlichkeit hinsichtlich Informationen über den momentanen Stand des Verfahrens in bezug auf eine spätere Umsetzung der Mediationsergebnisse notwendig. Für Vertreter einzelner Gruppen ist dabei zunächst die Rückkopplung des Geschehens an deren eigene Basis von zentraler Bedeutung. Aber auch die breite Öffentlichkeit kann — je nach Medieninteresse und abhängig von der gesellschaftlichen Relevanz des behandelten Themas —

Kapitel 2

Konstruktive Kooperation und klare Kommunikation: Der Erfolg einer Mediation hängt stark von einer konstruktiv ausgetragenen Kooperation und einer klaren Kommunikation ab. Zur Herstellung dieser sind in besonderem Maße die Fähigkeiten des Mediators gefragt (vgl. PROKSCH 1998:118).

Gewaltfreiheit: Mediation muß gewaltfrei sein. Die Parteien dürfen bei der Austragung des Konflikts weder explizit noch implizit Gewalt anwenden (vgl. BESEMER 1999:39f).

Strukturiertheit: Mediation verläuft in Form eines stufig strukturierten Prozesses. Durch die Identifikation kritischer Situationen, die typischerweise auf einer bestimmten Stufe anzutreffen sind, läßt sich für die Beteiligten erkennen, an welchem Punkt der Mediation sie sich gerade befinden (vgl. MOORE 1986:29ff).

Prozeßhaftigkeit: Mediation ist ein Prozeß, bei dem berücksichtigt werden muß, daß die Konfliktparteien sich selbst in einer prozeßhaft verändernden Situation befinden und Zeit benötigen, um miteinander zielbezogen kommunizieren und kooperieren zu können. Weiterhin muß bei der Regelungsfindung für die Mediation die dynamische Lebenswelt der Konfliktparteien mit berücksichtigt werden (vgl. PROKSCH 1998:118).

2.4.2. Anforderungen an den Mediator

Die Auswahl eines geeigneten Mediators für einen Konfliktfall sollte sehr sorgfältig erfolgen, da ihm als Mittler zwischen den

---

anhand von Pressekonferenzen oder –berichten über den Stand des Verfahrens informiert werden. In welcher Form die Unterrichtung erfolgt, ist von den Mediationsteilnehmern im Konsens zu entscheiden (vgl. FIETKAU u. WEIDNER 1998:65).

Mediation als Konfliktmanagementmodell

Konfliktparteien eine für den Verlauf des Mediationsverfahrens ganz entscheidende Bedeutung zukommt. Auch wenn es bis heute (noch) kein vereinheitlichtes, allgemein verbindliches und von allen Experten vertretenes Anforderungsprofil an einen Mediator gibt, so werden dennoch gehäuft eine Reihe von Anforderungen und Merkmalen genannt, die als unabdingbar für erfolgreiches mediatives Handeln angesehen werden.

Neben der nur schwer an andere zu vermittelnden Kunstfähigkeit des intuitiven Handelns (vgl. FIETKAU 1994:20), gibt es eine Reihe von Anforderungen an den Mediator, durch die sein Handeln normiert wird.

Als eine wichtige Grundvoraussetzung für die Auswahl eines geeignet erscheinenden Mediators wird angesehen, daß es sich bei diesem um eine von allen Konfliktparteien akzeptierte und respektierte Persönlichkeit handelt, die das uneingeschränkte Vertrauen aller Streitparteien genießt (vgl. u.a. BESEMER 1999:18; FUCHS u. HEHN 1999:29).

Darüber hinaus wird — neben der bereits im letzten Kapitel 2.4.1. erwähnten Forderung nach einer neutralen und allparteilichen Haltung — vom Mediator verlangt, daß er dazu fähig ist, alle Verfahrensbeteiligten (emotional) zu akzeptieren, ihnen Aufmerksamkeit und Achtung entgegenzubringen sowie ihre Standpunkte, Interessen und Gefühle unabhängig von seiner eigenen Meinung ernst zu nehmen (vgl. FIETKAU u. WEIDNER 1998:64). Der Mediator braucht dabei die inhaltlichen Positionen der Beteiligten nicht zu teilen, darf jedoch diesbezüglich seinerseits auch nicht zu einer öffentlichen Bewertung und Beurteilung kommen (vgl. BESEMER 1999:18).

Dem Mediator wird die Verantwortung für die Gestaltung und die Strukturierung von Kommunikationsprozessen unter den

Kapitel 2

Verfahrensbeteiligten zugesprochen (vgl. FIETKAU 1994:21). Neben der Beherrschung von Gesprächsführungstechniken[7] erfordert dies vom Mediator die Erschaffung von Rahmenbedingungen, die eine offene und konstruktive Kommunikation unterstützen. Dabei wird ein Wechsel verschiedener Arbeitsformen[8] als vorteilhaft angesehen (vgl. FIETKAU u. WEIDNER 1998:64f).

Es wird verlangt, daß die Erarbeitung inhaltlicher Lösungen allein durch die Streitparteien erfolgt. Dabei wird aber im allgemeinen als legitim angesehen, daß der Mediator auch eigene Lösungsvorschläge offerieren darf, welche von den Parteien jedoch nicht aufgegriffen werden müssen (vgl. BESEMER 1999:18). Indem der Mediator dabei hilft, Optionen zu entwickeln, die eine möglichst für alle zufriedenstellende Lösung erreichbar machen sollen, übernimmt er auch ein gewisses Maß an Verantwortung für die Problemlösung (vgl. ZILLEßEN 1998a:24).

Als wichtig wird erachtet, daß der Mediator im Mediationsgespräch die Konfliktparteien darin unterstützt, sich über ihre Gefühle und Interessen klar zu werden und diese deutlich und verständlich zu artikulieren (vgl. BESEMER 1999:18).

Weiterhin wird vom Mediator verlangt, daß er dafür Sorge zu tragen hat, daß vorhandene Machtunterschiede zwischen den Konfliktparteien im Mediationsverlauf ausbalanciert werden bzw. nicht zum Tragen kommen (vgl. WIEDEMANN 1994:182).

---

[7] Das „Handwerkszeug" des Mediators setzt sich aus Methoden verschiedener Bereiche (Therapie, Gruppendynamik, Gesprächsmoderation, Beratung, gewaltfreie Trainingsarbeit, Erwachsenenpädagogik, ...) zusammen. Wichtige Grundtechniken sind dabei das Formulieren von Aussagen in der Ich-Form (Ich-Botschaften), Siegeln, aktives Zuhören, das Umformulieren und Zusammenfassen von Aussagen und Sinnzusammenhängen, Brainstorming, die Beherrschung der Regeln der themenzentrierten Interaktion u.v.m. (BESEMER 1999:19f, 116ff).
[8] Zu den verschiedenen Arbeitsformen vgl. Kapitel 6.2. Arbeitsformen.

Mediation als Konfliktmanagementmodell

Falls die Mediation scheitert, soll der Mediator keiner der Konfliktparteien als Anwalt zur Verfügung stehen dürfen (vgl. BESEMER 1999:19).

Als eine weitere Aufgabe des Mediators wird angesehen, daß er zu vermeiden hilft, daß von den Parteien nutzlose oder unrealistische Vereinbarungen getroffen werden (vgl. MOORE 1986:18).

Ferner wird darauf hingewiesen, daß es in den Ermessensspielraum des Mediators fällt, zu entscheiden, ob das Mediationsverfahren abgebrochen wird, wenn sich offensichtlich keine vertretbare Lösung finden läßt (vgl. BESEMER 1999:19).

2.5. Abgrenzung zu anderen Konfliktlösungsmodellen

Das Verfahren der Mediation ist nur *ein* möglicher Ansatz zur Lösung von Konflikten. Abhängig von der Art des Konflikts und seinem Eskalationsgrad, der Persönlichkeit der beteiligten Parteien sowie vorherrschenden äußeren Umständen sind der Mediation andere Konfliktlösungsmodelle vorzuziehen. Diese unterscheiden sich vom Mediationsansatz in vielerlei Hinsicht.

Im folgenden soll eine Abgrenzung zwischen dem Verfahren der Mediation und wichtigen anderen potentiell in Frage kommenden Konfliktbehandlungsverfahren erfolgen. Dabei ist eine eindeutige Abgrenzung jedoch nicht immer möglich, da sich einzelne Elemente der verschiedenen Ansätze mit Elementen des Mediationsansatzes überlappen können (vgl. BESEMER 1999:40).

Moderation: Bei diesem Verfahren versucht der Moderator den Diskussions- und Meinungsbildungsprozeß zu moderieren, d.h. ihn lediglich zu beobachten und zu begleiten. Er greift selbst nur

Kapitel 2

wenig in die Diskussion ein — z.B. bei Mißverständnissen oder Konkurrenzhaltungen — und nimmt kaum direkten Einfluß auf die Parteien. Durch seine Moderation versucht er, das Verhalten der Konfliktbeteiligten in Hinblick auf eine verbesserte Gesprächskultur und Konfliktregelungskompetenz zu beeinflussen und zu korrigieren. Zu seinen unmittelbaren Interventionen zählen dabei auch verhaltene Feedbacks und Informationen über Kommunikationsfragen. Der Moderator baut auf eine maximale Eigenaktivität der Konfliktbeteiligten. Er geht davon aus, daß die Konfliktbeteiligten von sich aus ihre Ideen und Vorstellungen in die Konfliktbearbeitung einfließen lassen. Damit bestimmen sie selbst Ziel, Weg und Inhalte der Konfliktbehandlungsstrategien. Vergleichsweise ähnlich strukturiert sind die Verfahren des *Coaching* und der *Prozeßbegleitung* (vgl. PROKSCH 1999c:236).

Gerichtliche Verfahren/Schiedsverfahren: Im Gerichtsverfahren wird die Entscheidung hinsichtlich des zu behandelnden Konflikts an Dritte delegiert. Im Mittelpunkt der Verhandlung stehen die dem Gericht zur Entscheidungsfindung unterbreiteten vergangenen Sachverhalte aus der jeweiligen Sicht der Konfliktparteien sowie die Bewertung darüber, wer im Recht ist und wer nicht. Am Ende gibt es im Regelfall Gewinner und Verlierer. Der Ausgang eines Gerichtsverfahrens ist im allgemeinen mit großer Unsicherheit behaftet, je nachdem welche Richter oder Anwälte sich dem entsprechenden Konfliktgegenstand annehmen. Eine Annahme des Urteils liegt nicht im Ermessen des oder der Verurteilten (vgl. BESEMER 1999:41, PROKSCH 1999c:236ff).

In der Rechtspraxis sind jedoch auch Annäherungen an das Mediationsverfahren erkennbar. So wird z.B. häufig der Versuch

Mediation als Konfliktmanagementmodell

unternommen, die Streitparteien zu einer Einigung zu bewegen, ohne daß es ein Gerichtsurteil ergeht (vgl. BESEMER 1999:41).

Auf dem Gebiet des Strafrechts entstanden in der Mitte der 80er Jahre des 20. Jahrhunderts — und dort zunächst im Bereich des Jugendstrafrechts — Projekte, die auf einen Ausgleich zwischen Täter und Opfer ausgerichtet waren. Dadurch sollten die Belange des Opfers verstärkt berücksichtigt werden (vgl. HEHN 1996:31). Der „Täter-Opfer-Ausgleich" stellt damit einen Grenzbereich zur Mediation dar (vgl. BESEMER 1999:41).

Für den *bindenden Schiedsspruch* gelten im großen und ganzen die Ausführungen, die zum gerichtlichen Verfahren gemacht wurden (vgl. BESEMER 1999:42).

Beim *nicht-bindenden Schiedsspruch*, der von den Konfliktparteien nicht akzeptiert werden muß, besteht eine größere Nähe zur Mediation. Die Lösung des Konflikts ist hierbei jedoch kein Ergebnis, das von den Beteiligten selbst erarbeitet wurde (vgl. BESEMER 1999:42).

Therapeutische, beraterische Interventionen:
Gerichtliche Verfahren orientieren sich i.d.R. nur an Sachverhalten, die von den Konfliktbeteiligten dargelegt werden. Gefühle der Beteiligten, Hintergrundkonflikte, Interessen, Persönlichkeit, die Beziehungsebene sowie prägende biographische Ereignisse stellen keine Grundlage für eine Entscheidungsfindung durch einen (Schieds-)Richter dar.

Bei der Mediation wird Gefühlen und diesen persönlichen Ebenen gerade so viel Platz eingeräumt, wie es zur Klärung der Sachthemen notwendig erscheint.

Auch bei therapeutischen, sozialpädagogisch oder psychologisch orientierten beraterischen Interventionen wird —

Kapitel 2

wie in der Mediation — Wert auf die Berücksichtigung der Gefühlswelt der Beteiligten und auf die Einbeziehung der persönlichen Ebene gelegt. Jedoch wird hier den Gefühlen der einzelnen Konfliktbeteiligten eine zentrale Bedeutung beigemessen. Den Schwerpunkt bei diesen Interventionen bilden die intrapersonalen Konfliktthemen. Die Konfliktbeteiligten sollen lernen, ihre intrapersonalen Probleme, Konflikte und Fragen zu bearbeiten und zu bewältigen bzw. zu beherrschen. Dadurch soll ihre Fähigkeit, zu einer eigenverantwortlichen und sachorientierten Konfliktregelung zu gelangen, gefördert oder wiederhergestellt werden (vgl. PROKSCH 1999c:237f).

2.6. Anwendungsgebiete der Mediation

Die Anwendung von Mediation ist insbesondere bei solchen Streitigkeiten angesagt, bei denen aufgrund ihrer vorhandenen Beziehungsüberlagerung eine eigenverantwortliche Konfliktregelung durch die Konfliktpartner selbst als tragfähigste Lösung des Konflikts angesehen wird. Mediation kann sich damit auf höchst unterschiedliche Praxisbereiche ausdehnen. Insbesondere sind folgende Bereiche zu nennen (vgl. PROKSCH 1998a:10):

➢ *Mediation in bürgerlich-rechtlichen Konflikten*
  Z.B. bei Konflikten zwischen
  - (Ehe-)Partner/Eltern/Kinder/Erben
  - Vermieter/Mieter/Nachbar
  - Schuldner/Gläubiger
  - Arbeitgeber/Arbeitnehmer
  - Verkäufer/Käufer/Konsument
  - Arzt/Patient

- Versicherung/Versicherungsnehmer
➢ *Mediation in strafrechtlichen Konflikten*
Z.B. bei
  - Straftatbeständen aus dem Vergehens- und Privatklagebereich
➢ *Mediation in wirtschaftlichen Konflikten*
Z.B. bei
  - Konkurrenten-/Wettbewerbs-/Patent-/Lieferkonflikten
➢ *Mediation in öffentlich-rechtlichen Konflikten*
Z.B. bei Konflikten auf dem Gebiet
- Umweltschutz
- Kommunale Verwaltung (Erschließungsrecht)
- Schul-/Schüler-/Lehrer-/Elternstreitigkeiten
- Streitigkeiten zwischen öffentlichen Einrichtungen der Jugendhilfe und Eltern und ihren Kindern
- Streitigkeiten zwischen Einrichtungen der Gesundheits- und Pflegehilfe/Patienten
- Streitigkeiten im sonstigen öffentlichen Bereich

2.7. Besonderheiten der Umweltmediation

Für die Umweltmediation gelten zunächst die für die Mediation im allgemeinen gemachten Äußerungen. Zusätzlich zu berücksichtigen sind hier allerdings typischerweise einige Besonderheiten. Zunächst einmal bezieht sich Umweltmediation in ihrem Kern grundsätzlich auf umweltrelevante Vorhaben. FIETKAU (1994:6) formuliert es folgendermaßen: „Die Auseinandersetzung in einer Umwelt-Mediation geht [...] nicht um die Frage, ob wir Umweltschutz wollen, sondern darum, wie und in welchem Umfang wir umweltgerechte Lösungen realisieren können."

Kapitel 2

Daneben weisen Umweltmediationsverfahren in der Regel viele oder sogar alle der folgenden Besonderheiten auf (vgl. FÖRDERVEREIN UMWELTMEDIATION E. V. 1999a:248):
➢ Es handelt sich um Vielparteienkonflikte.
➢ Die Arbeit wird mit Großgruppen verrichtet.
➢ Interessen werden durch Repräsentanten mit unterschiedlichen Mandaten vertreten.
➢ Die Konfliktthemen und -gegenstände weisen eine hohe Komplexität auf.
➢ Es werden komplexe wissenschaftlich-technische Fragen mit hohem Unsicherheitsgehalt behandelt.
➢ Die Konflikte werden im öffentlichen Bereich ausgetragen.
➢ Die Entscheidungskompetenzen liegen im politisch-administrativen Bereich.
➢ Es treten interpersonelle und interorganisatorische Konflikte auf.
➢ Es sind ideologisch und weltanschaulich geprägte Wertekonflikte anzutreffen.
➢ Die Interessenebenen divergieren und sind vielfältig.
➢ Es sind Macht- und Ressourcenungleichgewichte vorhanden.
➢ Der Ausgang eines möglichen Rechtsstreits erscheint unsicher.

Anwendungsgebiete der Umweltmediation:

Berücksichtigt man die mit Umweltmediation gemachten bisherigen Erfahrungen in Deutschland und anderen Ländern, läßt sich feststellen, daß sich eine große Zahl der durchgeführten Mediationsverfahren mit Standortkonflikten befaßte. So hat bereits so gut wie jede Form umweltrelevanter Standortentscheidungen — z.B. in den Bereichen Abfall, Altlasten, Energie, Industrieansiedlung, Naturschutz und Verkehr — schon einmal im Blickpunkt eines entsprechenden Mediationsverfahrens gestanden (vgl. ZILLEßEN

Mediation als Konfliktmanagementmodell

1998a:21). BINGHAM (1986:7f) gibt in ihrer Untersuchung über die Erfahrungen der ersten zehn Jahre mit Umweltmediation in den USA an, daß von den in diesem Zeitraum durchgeführten 161 Umweltmediationsverfahren 115, d.h. etwa 71%, auf Standortkonflikte Bezug nahmen.

Auch in Deutschland liegen mittlerweile Erfahrungen mit innovativen Formen der Konfliktregelung im Umweltbereich vor. JEGLITZA und HOYER (1998:137ff) dokumentieren 64 solcher Verfahren, die bis September 1996 aufgenommen wurden. Diese orientieren sich an zwei wesentlichen Kriterien.

1. Die Durchführung des Verfahrens fand als Ergänzung oder an Stelle eines formal vorgeschriebenen Zulassungsverfahrens statt.
2. Der Prozeß der Konfliktbearbeitung und ggf. Klärung wurde von einem Mittler begleitet.

Die größte Zahl der Verfahren (circa 40%) bezieht sich dabei auf abfallwirtschaftliche Fragen (Erstellung von Abfallwirtschaftskonzepten, Standortsuche und Planung von Deponien und Müllverbrennungsanlagen).

Etwa weitere 20% der Verfahren befassen sich mit Sanierungsmaßnahmen (unzureichend gesicherte Deponien sowie Umweltschäden, die durch Militär oder Industrie verursacht wurden).

Jeweils geringere Prozentsätze der Verfahren behandeln Themen aus den Bereichen Naturschutz, Verkehr, Energie, Gentechnik, Chemie sowie der Klärung der Entsorgung radioaktiver Abfälle.

Abb.1 gibt einen detaillierten Überblick über die Zahl der jeweiligen Konfliktregelungsverfahren in den unterschiedlichen Anwendungsbereichen.

Kapitel 2

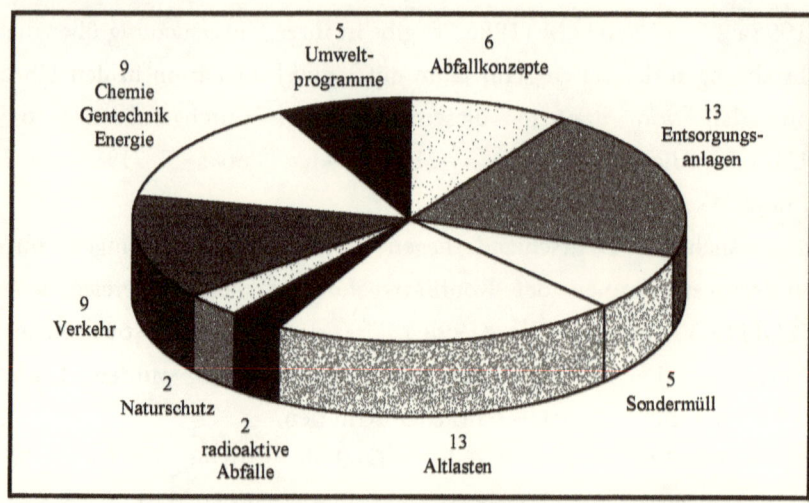

Abb.1 Zahl der Konfliktregelungsverfahren in unterschiedlichen Anwendungsbereichen (nach JEGLITZA und HOYER (1998:180))

In den USA wurde das Verfahren der Mediation neben den erwähnten konkreten Anwendungsbereichen auch verwendet bei der Gestaltung gesetzlicher Regelungen im Umweltschutz und — im Rahmen der allgemeinen Umweltpolitik — zur Entwicklung neuer Politikansätze (z.B. in den Bereichen Luftverschmutzung oder Altlastensanierung). Weiterhin wurde Mediation im Umweltbereich erprobt bei Abstimmungsproblemen und Kompetenzstreitigkeiten zwischen entsprechenden Behörden oder bei Differenzen innerhalb einer Behörde über komplexe und strittige Umweltplanungen (vgl. ZILLEßEN 1998a:21f).

Zusammenfassung

Zur Behandlung von Konflikten gibt es viele unterschiedliche Methoden. Von der jeweiligen Einzelfall-Situation hängt es ab, welche Methode als geeignet angesehen werden darf. Als ein mögliches Verfahren zur Konfliktbehandlung durch eine dritte Partei kommt das Verfahren der Mediation infrage. Mediation weist eine lange Tradition auf und ist in unterschiedlichen Kulturkreisen anzutreffen. Wesentliche Merkmale der Mediation sind die Existenz eines Konflikts, die Anwesenheit von zwischen den Konfliktparteien vermittelnden, allparteilichen Mediatoren sowie eine von den Konfliktparteien selbstbestimmte und eigenverantwortete Entscheidungsbefugnis zur Konfliktregelung. Mediation ist ein Verfahren, welches strukturiert und prozeßhaft organisiert ist. Seine Gestaltung orientiert sich an gewissen Grundprinzipien zu denen auch Freiwilligkeit, Informiertheit und Offenheit der Beteiligten, Vertraulichkeit der Mediationsinhalte, eine konstruktive Kooperation und klare Kommunikation sowie Gewaltfreiheit zählen.

Um der Rolle des Mittlers im Mediationsverfahren gerecht werden zu können, wird vom Mediator die Erfüllung einer Reihe von an ihn gestellter Anforderungen verlangt. Als eine seiner wesentlichen Aufgaben wird dabei die Übernahme von Verantwortung für die Gestaltung und Strukturierung von Kommunikationsprozessen unter den Verfahrensbeteiligten im Hinblick auf eine konstruktive Kommunikation angesehen.

Mediation ist in höchst unterschiedlichen Praxisbereichen anzutreffen. Als Umweltmediation befaßt sie sich in ihrem Kern grundsätzlich mit umweltrelevanten Vorhaben. Dazu zählen u.a. Standortkonflikte verschiedenster Art, Sanierungsmaßnahmen oder

Kapitel 2
aber auch Themen aus den Bereichen Naturschutz, Gentechnik, Verkehr oder Energie.

3. Umweltmediation im Kontext deutscher Umweltpolitik und -verwaltung

Im Auftreten von Bürgerinitiativen und Umweltorganisationen kommt in erster Linie ein grundsätzlich verändertes Verständnis von Umwelt und ein insgesamt verändertes Verhältnis zur Welt zum Ausdruck. Der damit einhergehende Wandel an Werten, Einstellungen und Denkmustern führt zum einen zu einer Änderung der Gegenstände und Themen in den politischen — speziell umweltpolitischen — Meinungsbildungs- und Entscheidungsprozessen. Zum anderen bedingt dieser Wandel aber auch eine Veränderung wesentlicher Randbedingungen in diesen Prozessen und damit auch eine entsprechende Änderung im Handeln der verantwortlichen Stellen (vgl. STRIEGNITZ 1992:VIII). In Deutschland werden Umweltkonflikte zumeist im Vorfeld oder parallel zu entsprechenden Verwaltungsverfahren ausgetragen. Falls dies ausnahmsweise einmal nicht geschieht, so ist die öffentliche Verwaltung bei der Bearbeitung von Umweltkonflikten jedoch immer in irgendeiner Form involviert (vgl. KOSTKA 1999a:61). Traditionelle Vorgehensweisen zur Bearbeitung umweltbezogener Konflikte und der Wille nach neuen, an die veränderten Verhältnisse angepaßten Vorgehensweisen stehen sich gegenüber. Entsprechende Anpassungsbemühungen werden als konfliktreich beschrieben (vgl. STRIEGNITZ 1992:VIII). Zunehmend werden jedoch die potentiellen Chancen herausgestellt, die sich durch den Einsatz von kooperativen Ansätzen zur Konfliktregulierung, insbesondere durch den Einsatz von Mediation als Ergänzung zum verwaltungsrechtlichen Handeln, ergeben (vgl. STRIEGNITZ 1992:X).

Kapitel 3

3.1. Umweltpolitik, Umweltrecht und Umweltverwaltung in Deutschland

In Deutschland obliegt der Vollzug des Umweltrechts überwiegend den Ländern und Kommunen. Die entsprechende Gesetzgebung im Umweltbereich ist dabei sehr vielschichtig, was sich insbesondere auf die föderative Staatsstruktur sowie auf die historische Rechtsentwicklung zurückführen läßt. Im Umweltrecht gibt es zu den meisten Bundesgesetzen entsprechende Gesetze auf Länderebene, welche jeweils weitere Spezifizierungen und Regelungen enthalten und zum Teil stark voneinander abweichen. So kann es beispielsweise vorkommen, daß ein Vorhaben, welches in einem Bundesland erlaubt ist, in einem anderen verboten ist. Auch kann es dort in den Zuständigkeitsbereich einer anderen Behörde fallen. Vor allem diese Vielschichtigkeit in der Gesetzgebung im Umweltbereich ist ursächlich dafür, daß in Deutschland ein insgesamt uneinheitliches Umweltrecht vorherrscht (vgl. KOSTKA 1999a:61f).

Historisch bedingt folgt die Organisation der Umweltverwaltung im großen und ganzen der Systematik im Umweltrecht. Insbesondere daran liegt es auch, daß — trotz vielfältiger Überschneidungen in der Praxis — letztendlich eine ganze Reihe von Behörden für unterschiedliche Umweltbereiche existieren (z.B. für die Bereiche Wasser oder Abfall). Diese komplexe Verwaltungsstruktur bedingt zwangsläufig einen hohen verwaltungsinternen und zwischenbehördlichen Koordinationsbedarf. In den letzten Jahren wurde jedoch zumindest auf lokaler und regionaler Verwaltungsebene versucht, Behörden medienübergreifend zusammenzufassen (vgl. KOSTKA 1999a:61ff).

Umweltmediation im Kontext deutscher Umweltpolitik und -verwaltung

Seit den 70er Jahren des 20. Jahrhunderts haben sich in der deutschen Umweltpolitik drei grundlegende Prinzipien entwickelt: Das Vorsorgeprinzip, das Verursacherprinzip und das Kooperationsprinzip (vgl. dazu RUNKEL 1996:9ff).

Im Sinne des *Vorsorgeprinzips* soll durch eine vorausschauende Umweltnutzung und die Vermeidung von Umweltschäden eine nachträgliche Beseitigung eben dieser Schäden möglichst unnötig werden.

Das *Verursacherprinzip* besagt, daß zur Beseitigung eingetretener Umweltschäden nicht die Allgemeinheit oder die Betroffenen herangezogen werden sollen, sondern — soweit feststellbar — der oder die Verursacher dieser Schäden.

Nach dem *Kooperationsprinzip* sollen bei der Vermeidung und Beseitigung von Umweltschäden Verursacher, Betroffene, Nutznießer und regulierende Behörden zusammenarbeiten.

Im deutschen Recht spielt Prävention durch Zulassungsverfahren eine wichtige Rolle. Damit läßt sich auch verstehen, daß genehmigungsbedürftige Vorhaben, von denen theoretisch eine nennenswerte Umweltgefährdung ausgehen könnte, solange verboten sind, bis es dem Vorhabenträger möglich ist, nachzuweisen, daß unter anderem entsprechende Schutzvorschriften eingehalten werden. Gelingt dies, dann liegt es an der verantwortlichen Seite, Normen aufzustellen, die einen allgemeingültigen Charakter besitzen. Anhand dieser Normen kann — im Hinblick auf zukünftige ähnlich gelagerte Fälle — vom speziellen Einzelfall abstrahiert werden[9] (vgl. KOSTKA 1999a:64).

---

[9] Zur Problematik der Normgebung vgl. Kapitel 3.2. Mängel an traditionellen Verfahren.

Kapitel 3

In Deutschland gibt es in der Hauptsache zwei verschiedene Typen von Zulassungsverfahren: Das *Planfeststellungsverfahren* und die *gebundene Genehmigung*. Daneben existiert auch noch die sog. Plangenehmigung, welche in einfachen Fällen an Stelle des Planfeststellungsverfahrens angewendet werden darf. Es ist gesetzlich geregelt, welcher Verfahrenstyp in Frage kommt.

Planfeststellungsverfahren werden im allgemeinen in den Umweltbereichen angewandt, bei denen es um Eigentumsrechte geht, die Grund und Boden betreffen — wie z.B. bei der Planung von Straßen. Gebundene Genehmigungen dagegen sind bei der Errichtung imissionsträchtiger Anlagen die erste Wahl. Der wichtigste Unterschied zwischen diesen beiden Verfahrenstypen besteht darin, daß der Antragsteller bei der gebundenen Genehmigung einen Recht*sanspruch* auf die Genehmigung hat, sobald die gesetzlichen Forderungen erfüllt werden. Beim Planfeststellugsverfahren hingegen wird der zuständigen Behörde ein gewisser Ermessensspielraum eingeräumt (vgl. KOSTKA 1999a:64f).

Bislang werden in Deutschland im Umweltbereich zumeist traditionelle Modelle herangezogen, die auf einer hierarchischen Lösung des Konflikts auf Basis eines Delegationsmodells fußen. D.h. die Lösung eines Konflikts wird zum großen Teil einer übergeordneten dritten Instanz, im Speziellen der öffentlichen Verwaltung bzw. der Justiz, übertragen (vgl. KOSTKA 1999a:65).

Es hat sich jedoch mittlerweile gezeigt, daß eine entsprechende, in diese hierarchischen Strukturen eingebundene, Konfliktlösung mit einer Reihe von Nachteilen behaftet ist.

3.2. Mängel an traditionellen Verfahren

Seit den 70er Jahren des 20. Jahrhunderts sind die Beteiligungsrechte der Betroffenen bei Entscheidungen über umweltbedeutsame Projekte deutlich ausgeweitet worden (z.b. Änderungen im Planfeststellungsrecht, Einführung der Umweltverträglichkeitsprüfung). Durch diese Regelungen soll neben den Projektträgern auch privat Betroffenen ebenso wie Naturschutzverbänden und Gemeinden als auch Trägern öffentlicher Belange die Möglichkeit zu einer intensiven Beteiligung an anstehenden umweltbedeutsamen Entscheidungen gegeben werden. Die bestehenden rechtlichen Regeln über eine Bürgerbeteiligung unterstellen dabei, daß Vorhabenträger und Bürger als gleichberechtigt anzusehen sind im Hinblick auf die Einflußnahme auf entsprechende anstehende Verwaltungsentscheidungen. Idealtypischerweise macht der Vorhabenträger in seinem Projektantrag seine Vorstellungen deutlich, während die durch dieses Vorhaben betroffenen Bürger eine darauf bezogene Stellungnahme abgeben können. Und die als neutrale Dritte beteiligte Behörde schließlich wird auf Grundlage der ausführlichen Darlegung der Auffassungen der beteiligten Parteien in die Lage versetzt, eine Entscheidung im Sinne einer Konflikt*lösung* zu treffen (vgl. GAßNER et al. 1992:8f).

So weit die Theorie der behördlichen Konfliktlösung. In der Praxis zeigt es sich jedoch, daß es bei der Umsetzung dieser Überlegungen teilweise immer noch zu erheblichen Schwierigkeiten kommt. Dies ist durch verschiedene Faktoren bedingt.

Zunächst einmal kann durch Delegation an eine übergeordnete Instanz nur dann überhaupt eine echte Lösung des Konflikts erreicht werden, wenn es auch eine eindeutig beste Lösung gibt und der

Kapitel 3

Entscheidungsträger über alle relevanten Informationen verfügt, um zu dieser Lösung zu gelangen. Dies ist bei den zumeist komplexen Konflikten im Umweltbereich jedoch häufig nicht der Fall (vgl. KOSTKA 1999a:65).

STRIEGNITZ (1992:IX) beschreibt, daß die traditionelle Vorgehensweise zur Bearbeitung umweltbezogener Probleme im allgemeinen durch Rahmenbedingungen und Regeln der Konfliktaustragung bestimmt ist, die eine Konfrontationshaltung zwischen den beteiligten Akteuren begünstigen. So bestehen seiner Ansicht nach im öffentlich-politischen Raum und vor Gericht nur wenig Anreize für eine kooperative Problemlösung oder für die Entwicklung von Optionen, die auf einen gemeinsamen und wechselseitigen Nutzen ausgerichtet sind. Strategien, die dort typischerweise angewendet werden, erweisen sich vielmehr als Versuche zur Blockade der Gegner sowie zur Einschränkung oder Zerstörung ihrer Handlungsspielräume. Dies hat unter anderem eine allgemeine Unzufriedenheit der Beteiligten zur Folge. So beklagen sie vor allem, daß die erreichten Ergebnisse häufig in keinem vernünftig erscheinenden Verhältnis zum hohen Aufwand an Kraft, Energie, Zeit und finanziellen Ressourcen stehen und daß diese Ergebnisse vielfach für keinen von ihnen zu einem wirklich befriedigenden Ergebnis führen, so daß häufig alle — Verwaltung, Industrie, Wirtschaft, Bürgerinitiativen und Umweltverbände — als Verlierer angesehen werden müssen.

Es mag sein, daß sich bis heute hieran mittlerweile einiges verändert hat. So beschreibt KOSTKA (1999a:67), daß gerade innerhalb förmlicher hoheitlicher Verwaltungsverfahren[10], insbesondere

---

[10] Für den Vollzug öffentlichen Rechts ist die öffentliche Verwaltung zuständig. Das entsprechende Verwaltungshandeln wird als *hoheitlich* bezeichnet, da ihre Tätigkeiten im wesentlichen auf Rechtswirkungen nach außen gerichtet sind, für

in der Umweltverwaltung, kooperatives Verwaltungshandeln mittlerweile praktisch zum Standard gehört. Von besonderer Wichtigkeit erscheint in diesem Zusammenhang jedoch die Frage, welchen Grades diese Kooperativität ist. Nach ZILLEßEN (1998d:55f) lassen sich drei verschiedene Grade der Kooperativität im Verwaltungshandeln unterscheiden: Die formale, die informale und die bürgernahe Kooperation.

Die *formale Kooperation* dient lediglich der Vorbereitung einer Behördenentscheidung. Berücksichtigung finden hierbei z.b. das Recht auf Auskunft- und Akteneinsicht, die Anhörung von Beteiligten, die Beteiligung der Träger öffentlicher Belange oder aber auch die Mitwirkung von Verbänden. Bei der formalen Kooperation geht es weniger um die Legitimation einer Verwaltungsentscheidung oder die Akzeptanz der Entscheidung durch die Betroffenen, als vielmehr darum, eine Entscheidung zu treffen, die auftragsgemäß erfolgt und gegen Einwände abgesichert ist.

Bei der *informalen Kooperation* werden von der Verwaltung weitere Parteien, die von der Entscheidung betroffen sind, zusätzlich mit einbezogen. In der Praxis handelt es sich dabei in der Regel jedoch nur um einen äußerst kleinen Kreis von Entscheidungsbetroffenen. So werden z.B. bei Genehmigungsverfahren nur der Antragsteller sowie eventuell externe Fachleute hinzugezogen. Weitere von der Entscheidung betroffene Dritte werden dagegen prinzipiell nicht beteiligt.

Der *bürgernahen Kooperation* schließlich liegt ein Verwaltungshandeln zugrunde, das zum Ziel hat, dem Bürger angemessene Mitwirkungs- und Mitgestaltungsmöglichkeiten am

---

welche die öffentliche Verwaltung ein gesellschaftliches Monopol hat (vgl. KOSTKA 1999a:65).

Kapitel 3

Verfahren und an der Vorbereitung von Entscheidungen eines entsprechenden Verfahrens zu ermöglichen.

Die bürgernahe Kooperation wird als sinnvoll und notwendig für eine Vielzahl von Fällen erachtet, in denen Bürger durch Entscheidungen des politisch-administrativen Systems in ihrem unmittelbaren Lebensumfeld betroffen werden. Es wird davon ausgegangen, daß insbesondere durch diese Art der Kooperation Komplexitäts- und Akzeptanzprobleme bewältigt werden können (vgl. ZILLEßEN 1998c:57).

Aufgrund seiner theoretischen und rechtlichen Grundstruktur bietet das herkömmliche Verwaltungsverfahren durchaus Möglichkeiten, die Interessen Dritter bei einer Entscheidungsfindung mit zu berücksichtigen.[11] Vielfach wird jedoch insbesondere die Art und Weise, wie Entscheidungsfindung im verwaltungsrechtlichen Zulassungsverfahren praktiziert wird, kritisiert.

Ein wesentlicher Kritikpunkt richtet sich dabei auf die weitläufige Praxis der informellen Vorverhandlungen. Auch wenn Ergebnisse, die während der manchmal jahrelang andauernden Vorverhandlungen zwischen Vorhabenträger und involvierter Behörde erzielt werden, rechtlich nicht bindend sind, so wird dennoch vielfach von einer Art moralischer Bindung an diese Resultate berichtet (vgl. FUCHS et al. 1998:20). Diese moralische und damit vielfach auch faktische Bindung wird von Betroffenen als schwerwiegendes Problem hinsichtlich der Einbringung ihrer eigenen Interessen in den Entscheidungsprozeß angesehen. Sie erwarten dann vom förmlichen Verwaltungsverfahren, in welches eine Phase der Öffentlichkeitsbeteiligung integriert ist, zumeist keine wesentlichen Veränderungen mehr. So berichten

---

[11] Vgl. dazu Kapitel 3.3. Einbindung der Mediation in das Verwaltungsverfahren.

GAßNER et al. (1992:2), Betroffene und Umweltverbände beklagten nicht selten, daß eine unvoreingenommene Problemerörterung aus ihrer Sicht nicht mehr erfolgen könne, weil in den Vorverhandlungen bereits Vorentscheidungen zu Lasten der Anwohner und der Natur getroffen worden seien. Entsprechend gering werden die Erfolgsaussichten für Einwände gegen ein geplantes Vorhaben dann auch von vielen Betroffenen eingeschätzt.

Hinsichtlich des Anhörungsverfahrens sind aber nicht nur seitens der vom Vorhaben Betroffenen, sondern auch von Seiten der Träger eines Vorhabens oftmals kritische Töne zu vernehmen. So betrachten letztere das Verfahren vielfach vor allem als Hindernis für eine schnelle Realisierung ihrer Investition (vgl. GAßNER et al. 1992:2).

Anhand vergangener Erfahrungen mit umweltrelevanten Großvorhaben wird davon ausgegangen, daß eine Zulassungsentscheidung für ein entsprechendes Vorhaben häufig einer anschließenden gerichtlichen Überprüfung standzuhalten hat. Dadurch kann ein strategisches Verhalten der Beteiligten indiziert werden, was sich als hinderlich im Hinblick auf eine Offenlegung relevanter Informationen für eine umfassende Beurteilung des Verfahrens erweist. Es wird beschrieben, daß im Einwendungsverfahren häufig die Analyse der Konfliktfelder und der Aufbau von Streitpositionen im Vordergrund steht und die Chance zum Interessenausgleich nicht genutzt wird (vgl. GAßNER et al. 1992:13f). So wird im Rahmen der informellen Vorverhandlungen die Planung des Vorhabens im Regelfall so ausgerichtet werden, daß mögliche Einwendungsgründe bereits im Vorfeld ausreichend berücksichtigt werden (vgl. FUCHS et al. 1998:20f).

Vor diesem Hintergrund wird dann auch verständlich, warum Behörde und Vorhabenträger die Phase der Öffentlichkeitsbeteiligung im Zulassungsverfahren oftmals nur noch als Pflichtübung ansehen, die

Kapitel 3

es möglichst reibungslos zu überstehen gilt, und warum weitere betroffene Dritte dem Verwaltungsverfahren vielfach sehr mißtrauisch gegenüberstehen (vgl. FUCHS u. HEHN 1999:17f).

In den Fällen, in denen weitgehende Übereinstimmungen zwischen Genehmigungsbehörde und Träger des Vorhabens zu erkennen sind, kann die Verwaltung dann auch schnell als parteiischer Koalitionspartner des Projektbetreibers erscheinen, insbesondere dann, wenn der Vorhabenträger selbst Teil der staatlichen Verwaltung ist oder von dieser beeinflußt wird, wie dies beispielsweise für Teile der Abfallentsorgung oder verkehrspolitische Großprojekte der Fall ist (vgl. GAßNER et al. 1992:10f). Selbst wenn es der öffentlichen Verwaltung gelingt, sich in einer Sache vorschriftsmäßig neutral zu verhalten, so wird sie im Konflikt häufig dennoch als Partei wahrgenommen (vgl. KOSTKA 1999a:71).

Der geschilderte Sachverhalt — Genehmigungsbehörde und Träger des Vorhabens auf der einen Seite, betroffene Bürger und andere Interessengruppen auf der anderen Seite — führt aus der Sicht letztgenannter zu negativen Auswirkungen in den Phasen, in denen eine Einbeziehung der breiten Öffentlichkeit in bezug auf eine entsprechende Entscheidungsfindung vorgesehen ist.

Das Einwendungsverfahren, welches der konstruktiven Beteiligung aller Betroffenen zum Zweck eines Interessenausgleichs dienen soll, kann diese Funktion häufig nicht erfüllen. Statt dessen fördert es die Einnahme von Extrempositionen. Bedingt ist dies vielfach durch eine oftmals späte oder auch unzureichende Darlegung der für die Entscheidungsfindung relevanten Fakten durch die Behörde oder den Vorhabenträger sowie durch deren häufig gezeigtes strategisches Verhalten (vgl. FUCHS u. HEHN 1999:19).

Der Erörterungstermin als Kernstück der Öffentlichkeitsbeteiligung als geeignetes Instrument zur Herstellung eines Interessenausgleichs wird vor diesem Hintergrund von den Betroffenen gänzlich in Frage gestellt (vgl. FUCHS u. HEHN 1999:19). Dieser diene demnach häufig nur noch dem Abstecken von Positionen im Hinblick auf Öffentlichkeitswirksamkeit sowie zukünftige Gerichtsverfahren. Das entsprechende Rollenverhalten der beteiligten Parteien läßt dann zumeist Distanzen zu Tage treten, unter denen ihre Kommunikationsfähigkeit stark leidet, so daß ein offener Prozeß zwischen allen Beteiligten nicht mehr möglich erscheint und die Chance vertan wird, zu erkunden, wo die entscheidenden Probleme liegen und wie sie lösbar sind (GAßNER et al. 1992:15ff).

Auch wird der formale Ablauf des Erörterungstermins kritisiert, da er vielfach keine Diskussion über entscheidende Aspekte des Vorhabens erlaubt, sondern lediglich eine Anhörung der Betroffenen zu diesen Aspekten gestattet. Dies erschwert es wiederum zusätzlich, während des Erörterungstermins zu einem Interessenausgleich zwischen den Parteien zu gelangen (vgl. FUCHS et al. 1998:2).

Im herkömmlichen Genehmigungs- und Planfeststellungsverfahren sind die Gestaltungsmöglichkeiten für Maßnahmen, die zu einer Verminderung und Kompensation von Belastungen oder sogar zur Herstellung eines positiven Kosten-Nutzen-Verhältnisses beitragen können, sehr begrenzt (vgl. GAßNER et al. 1992:17).

Im Genehmigungsverfahren hat der Antragsteller wie oben erwähnt einen Anspruch auf die beantragte Genehmigung, wenn die für den Bau und Betrieb der entsprechenden Anlage geforderten Anforderungen eingehalten werden. Daher entfällt eine

Kapitel 3

Berücksichtigung von Bürgerbelangen über die gesetzlich vorgeschriebenen Mindeststandards hinaus (vgl. GAßNER et al. 1992:17f).

Auflagen im Planfeststellungsbeschluß dienen dem Interessenausgleich und sollen dem Schutz des Allgemeinwohls oder der Vermeidung nachteiliger Wirkungen des Vorhabens auf Rechte Dritter dienen. Bei gemeinnütziger Planfeststellung kann den Betroffenen ein finanzieller Ausgleich zugesprochen werden, wenn ein Interessenausgleich rein technisch oder wirtschaftlich nicht möglich ist. Im Planfeststellungsbeschluß können jedoch keine Auflagen erteilt werden, die zum Ausgleich von Interessen dienen, welche sich nicht als individuelle Rechtspositionen darstellen lassen bzw. welche nicht Belange des Allgemeinwohls für sich beanspruchen können wie z.B. Grundstückswertminderungen im Bereich von Großvorhaben, Wohnwertverluste durch erhöhte Umweltbelastungen oder eine Beeinträchtigung in der Freizeit- und Erholungsfunktion des betroffenen Gebietes. Auch werden hier die Probleme einer Anlieger- oder Standortgemeinde, welche durch ein Vorhaben im Vergleich zu anderen Gemeinden der Umgebung benachteiligt wird, nicht ausreichend berücksichtigt (vgl. GAßNER et al. 1992:17ff).[12]

---

[12] Vor diesem Hintergrund erscheint insbesondere die Frage nach der Akzeptanz einer Verwaltungsentscheidung von übergeordnetem Interesse. Die bisherige Erfahrung zeigt dabei, daß eine Verwaltungsentscheidung um so eher vom Bürger akzeptiert wird, je mehr sie mit seinen eigenen Interessen in Übereinstimmung steht. Ein Opponieren gegen eine Entscheidung erscheint aus der subjektiven Wahrnehmung eines Bürgers insbesondere dann in Erwägung gezogen zu werden, wenn die für ihn zu erwartenden Kosten ihren Nutzen übersteigen. Es wird davon ausgegangen, daß die größte Motivation für einen Protest bei den Personen liegt, die mit den höchsten Kosten belastet werden sollen (vgl. GAßNER et al. 1992:7).

Als gewichtigste Ursachen für das Opponieren gegen umweltgefährdende Anlagen wird die Angst vor einem Schadenseintritt mit ungewissen Folgen für Umwelt und Gesundheit genannt, gefolgt von der Furcht vor materiellen Einbußen, die sich im Falle einer Anlagenerrichtung vor Ort ergeben würden (vgl. GAßNER et al. 1992:7).

Umweltmediation im Kontext deutscher Umweltpolitik und -verwaltung

Ein weiterer Kritikpunkt bezieht sich auf die fortschreitende Verwissenschaftlichung der Verwaltungsentscheidungen. So ist es im Bereich des Umweltrechts zunehmend in den Aufgabenbereich der Verwaltung übergegangen, Normen zu schaffen, um der fortschreitenden Entwicklung neuer Technologien sowie neuen Erkenntnissen im Umweltschutz Rechnung zu tragen. Allein ist die Verwaltung jedoch bei einer Beurteilung regelmäßig überfordert, so daß sie für eine Festlegung von Normen vielfach Fachleute aus Wissenschaft und Technik heranzuziehen pflegt. Normen werden dann häufig auf Basis des „Standes von Wissenschaft und Technik" festgelegt. Diese Basis stellt vielfach jedoch kein sicheres Fundament für Entscheidungen dar, da Wissenschaft einer stetigen Entwicklung unterliegt und heute nach Mehrheitsmeinung anerkannte Erkenntnisse sich schnell als falsch oder veraltet herausstellen können. Der aus dieser Tatsache resultierenden Verunsicherung versucht die Verwaltung dadurch entgegenzutreten, indem sie vom Antragsteller frühzeitig Gutachten zu sicherheitstechnischen und umweltbedeutsamen Fragestellungen einfordert. Damit stellt sich jedoch ein weiteres Problem — nämlich das der Gutachterauswahl. Hier wird bemängelt, daß sich Gutachten zumeist nur auf die rein technischen Belange des Vorhabens beschränken und Betrachtungen hinsichtlich Sozialverträglichkeit oder Abschätzungen im Hinblick auf die Folgen einer bestimmten Technologie vielfach unberücksichtigt lassen. Weiterhin werden der häufig „bürgerfeindliche" und schwer verständliche Vermittlungsstil sowie die fehlenden Mitwirkungsrechte betroffener Bürger bei der Gutachterbeauftragung bemängelt (vgl. GAßNER et al. 1992:11ff).

Kapitel 3

3.3. Einbindung der Mediation in das Verwaltungsverfahren

Ein Mittel zur Verringerung der Probleme, die sich durch die Verwendung traditioneller Konfliktlösungsmethoden bei Umweltproblemen ergeben, wird in der Einbeziehung der Mediation in das Verwaltungsverfahren gesehen. Nach gängiger Auffassung kommt Mediation dabei jedoch keinesfalls als Ersatz herkömmlicher Planungs- und Zulassungsverfahren in Frage, sondern lediglich als deren Ergänzung (vgl. HEHN 1999b:200).

Im Rahmen der deutschen Gesetzgebung besteht die Möglichkeit, Mediation bei einzelnen Verfahrensschritten eines Verwaltungsverfahrens im Sinne eines „Mediationsverfahrens im Verwaltungsverfahren" (HEHN 1999b:200) einzusetzen. Die letztendliche Entscheidungskompetenz bleibt jedoch in den Händen der zuständigen Behörde. So ist es z.B. bei Zulassungsverfahren möglich, das Verfahren der Mediation anzuwenden, da hierbei das Verwaltungsverfahren nicht nur innerhalb des Verwaltungsapparates stattfindet. Ansatzstellen für die Einbeziehung von Mediation bieten sich hier im Anhörungsverfahren und beim Erörterungstermin, zu denen die Öffentlichkeit zumindest formal herangezogen wird (vgl. FUCHS u. HEHN 1999:21).

Möglichkeiten für den Einsatz von Mediation innerhalb des deutschen Rechts ergeben sich auch im Rahmen des sogenannten *Scoping-Verfahrens* nach § 5 Umweltverträglichkeitsprüfungsgesetz (UVPG). So muß die zuständige Behörde auf Wunsch eines projektplanenden Unternehmens mit diesem Fragen zur anstehenden Umweltverträglichkeitsprüfung (UVP) erörtern. Diese Erörterung

Umweltmediation im Kontext deutscher Umweltpolitik und -verwaltung

umfaßt dabei den Untersuchungsrahmen und die für die UVP durch das Unternehmen beizubringenden Unterlagen. Von entscheidender Bedeutung für den potentiellen Einsatz von Mediation im Rahmen des Scoping-Verfahrens ist der zweite Satz des § 5 UVPG. Demnach können zur Erörterung neben anderen Behörden und Sachverständigen auch *Dritte* hinzugezogen werden (vgl. TROJA 1997:331).

Das Verwaltungsverfahren wird herkömmlicherweise von der Behörde selbst durchgeführt. Es besteht vereinzelt jedoch die Möglichkeit, daß auch ein neutraler Dritter von der zuständigen Behörde beauftragt wird, einzelne Verfahrensschritte eines Verwaltungsverfahrens durchzuführen. Gesetzlich aufgenommen wurde diese Möglichkeit z.b. im Bauplanungsrecht (vgl. FUCHS et al. 1998:27). So sieht § 4b Baugesetzbuch (BauGB) die gesetzliche Einbindung eines Dritten ausdrücklich vor:

§ 4b BauGB: Einschaltung eines Dritten
„Die Gemeinde kann insbesondere zur Beschleunigung des Bauleitplanverfahrens die Vorbereitung und Durchführung von Verfahrensschritten nach §§ 3 bis 4a einem Dritten übertragen."

Weitere Möglichkeiten zur Einbindung der Mediation in das Verwaltungsverfahren werden auch im Planfeststellungsverfahren ausgemacht. Hier bietet sich der Erörterungstermin an. Es erscheint möglich, daß an dieser Stelle ein neutraler Mediator zur Herstellung eines Interessenausgleichs eingesetzt werden kann (vgl. FUCHS et al. 1998:28).

Auch nach Abschluß des förmlichen Verwaltungsverfahrens wird der Einsatz von Umweltmediation im Vorfeld einer anstehenden

Kapitel 3

Realisierung eines Vorhabens als durchaus möglich erachtet, um Unklarheiten bei der Durchführung eines Vorhabens gemeinsam zu regeln (vgl. FUCHS u. HEHN 1999:21).

In Deutschland gibt es mittlerweile verstärkt Bemühungen, Elemente kooperativer Verfahren des Konfliktmanagements in gesetzliche Planungs- und Entscheidungsprozesse einzubinden. Hingewiesen sei an dieser Stelle z.B. auf einen Paragraphen zum Interessenausgleich in Genehmigungsverfahren im Entwurf eines Umweltgesetzbuches[13] (vgl. FUCHS u. HEHN 1999:21). Auf Grundlage dieses Entwurfs besteht somit die Möglichkeit, einen Verfahrensmittler — welcher allerdings nicht zwangsläufig ein

---

[13] Hier der Text des Kommissionsentwurfs im Wortlaut:

§ 89 UGB-KomE: Interessenausgleich

(1) Im Verfahren, das die Entscheidung vorbereitet, soll auf einen Ausgleich zwischen den beteiligten Interessen hingewirkt und eine einvernehmliche Lösung angestrebt werden.
(2) Die Genehmigungsbehörde kann die Durchführung einzelner Abschnitte des Verfahrens, insbesondere des Erörterungstermins, einem Verfahrensmittler, einer anderen Behörde oder einer anderen Stelle übertragen.
(3) Wird ein Verfahrensmittler bestellt, so ist dieser in seiner Tätigkeit unabhängig und an Weisungen nicht gebunden. Bekleidet er ein öffentliches Amt, so darf er keiner Dienststelle angehören, die das Vorhaben beantragt hat oder für die Vorhabengenehmigung des Vorhabens zuständig ist.
(4) Der Verfahrensmittler bedient sich einer von der Genehmigungsbehörde bestimmten Geschäftsordnung, die in bezug auf das übertragene Verfahren nur seinen Weisungen unterliegt.
(5) Wird nach Abs. 2 die Durchführung des Erörterungstermins übertragen, so nimmt die Genehmigungsbehörde am Erörterungstermin teil.
(6) Soweit das Verfahren nach Abs. 2 übertragen worden ist, hat der Verfahrensmittler, die andere Behörde oder die andere Stelle zum Ergebnis der übertragenen Verfahrensabschnitte eine Stellungnahme abzugeben und diese möglichst innerhalb eines Monats zusammen mit den Antragsunterlagen, den eingegangenen behördlichen Stellungnahmen und Sachverständigengutachten sowie den gegebenenfalls nicht erledigten Einwendungen an die Genehmigungsbehörde weiterzuleiten.

Umweltmediation im Kontext deutscher Umweltpolitik und -verwaltung

Mediator sein muß — bei umweltrelevanten Planungen jeglicher Art einzusetzen.

Von diesen veränderten Formen der Kommunikation bei Verwaltungsverfahren erhofft man sich eine insgesamt verbesserte Konfliktbewältigung im Verwaltungsverfahren selbst, im politisch-konzeptionellen sowie im wirtschaftlichen Bereich (vgl. FUCHS et al. 1998:28).

Zusammenfassung

Aufgrund der vielschichtigen Gesetzgebung im Umweltbereich hat sich in Deutschland ein insgesamt sehr uneinheitliches Umweltrecht herausgebildet. Zur Lösung von Umweltkonflikten werden zumeist traditionelle Modelle herangezogen, die auf eine hierarchische Konfliktlösung auf Grundlage eines Delegationsmodells setzen, bei welchem die Konfliktlösung höheren Instanzen wie der öffentlichen Verwaltung oder der Justiz übertragen wird. In Deutschland werden Umweltkonflikte zumeist im Vorfeld oder parallel zu Verwaltungsverfahren ausgetragen. Es zeigt sich, daß die traditionelle, herkömmliche Vorgehensweise zur Bearbeitung entsprechender Konflikte mit Mängeln behaftet ist. Als wichtige Mängel ausgemacht werden in diesem Zusammenhang die Rahmenbedingungen und Regeln der Konfliktaustragung, welche vielfach eine Konfrontationshaltung zwischen den beteiligten Akteuren begünstigen. Ferner wird auch die Art, wie Entscheidungsfindung im verwaltungsrechtlichen Zulassungsverfahren praktiziert wird, kritisiert. Dabei richtet sich die Kritik zu einem großen Teil auf die gängige Praxis der informellen Vorverhandlungen. Dieser werden nachteilige

Kapitel 3

Auswirkungen attestiert, da durch sie bereits im Vorfeld vielfach grundlegende und faktisch bindende Entscheidungen getroffen werden — und zwar ohne Berücksichtigung wichtiger Gruppen, die von dieser Entscheidung betroffen sind. Auch wird kritisiert, daß im Hinblick auf mögliche zukünftige Gerichtsverhandlungen vielfach ein strategisches Verhalten der Beteiligten hervorgerufen wird, welches sich als hinderlich in bezug auf eine Offenlegung relevanter Informationen für die Beurteilung des Verfahrens erweist. Des weiteren treten deutliche Mängel in den Phasen, die eine Einbeziehung der breiten Öffentlichkeit in bezug auf eine entsprechende Entscheidungsfindung vorsehen, zutage. Einwendungsverfahren und Erörterungstermin — von ihrem Wesen her Instrumente zur Herstellung eines Interessenausgleichs zwischen den Beteiligten — können ihre Funktion häufig nicht erfüllen. Insgesamt wird in traditionellen Verwaltungsverfahren bei den Beteiligten eine abnehmende Fähigkeit zur Kommunikation festgestellt. Auch muß die zunehmende Verwissenschaftlichung der Verwaltungsentscheidungen kritisch betrachtet werden.

Als ein Mittel zur Verringerung der Probleme, die bei der Verwendung traditioneller Konfliktlösungsmodelle im Umweltbereich zutage treten, wird die Einbeziehung von Mediation als Ergänzung zu herkömmlichen Planungs- und Zulassungsverfahren gesehen. Möglichkeiten für ihren Einsatz ergeben sich zunächst an den Stellen, an denen die Öffentlichkeit formal herangezogen werden kann. Weitere Einsatzmöglichkeiten offerieren sich speziell im Rahmen des Scoping-Verfahrens nach § 5 UVPG, im Rahmen des § 4b BauGB sowie im Rahmen des Planfeststellungsverfahrens oder aber auch nach Abschluß des förmlichen Verwaltungsverfahrens. Auf Grundlage eines Paragraphen im Entwurf eines geplanten Umweltgesetzbuchs bestünde die Möglichkeit, Mediation bei umweltrelevanten Planungen jeglicher Art einzusetzen.

Kapitel 3

4. Ziele und Chancen der Umweltmediation

Befürworter des Umweltmediationsgedankens betrachten die Anwendung von Umweltmediation vor allem als große Chance dafür, zu einer deutlich verbesserten Lösungsfindung bei Konflikten im Umweltbereich zu gelangen. Weitere Chancen, die sich durch den Einsatz von Mediation im Umweltbereich ergeben, resultieren aus der Verwirklichung von Zielvorstellungen, an denen sich Umweltmediation orientiert. Diese grundlegenden Zielvorstellungen sollen hier noch einmal ganz explizit benannt werden (vgl. dazu FÖRDERVEREIN UMWELTMEDIATION E. V. 1999b:259):

➢ Es sollen Lösungen des bestehenden Konflikts angestrebt und erreicht werden, von denen alle Konfliktparteien profitieren und ihren Nutzen haben.

➢ Die erarbeiteten Konfliktregelungen sollen zukunftsorientiert sein und von allen Beteiligten zusammen getragen werden.

➢ Die Parteien sollen in ihrer Eigenverantwortlichkeit gefördert werden.

➢ Soziales Lernen soll im Rahmen konstruktiver und fairer Kommunikationsprozesse gefördert werden.

➢ Eine Entscheidungsfindung soll durch Offenlegung sämtlicher für die Beurteilung des Problems relevanter Fakten und Informationen sowie einer darauf aufbauenden Argumentationsbasis vollzogen werden können. Dadurch werden Verbesserungen hinsichtlich der Qualität des Ergebnisses erwartet.

Neben den Erwartungen, die sich zwangsläufig aus den Zielsetzungen eines (Umwelt-)Mediationsverfahrens ergeben, stellen FIETKAU u. WEIDNER (1998:17f) auch die Dinge heraus, die man

Kapitel 4

nicht von einem Mediationsverfahren erwarten sollte. Dies führt zu einer Beschränkung von Erwartungshaltungen, die über die an den Zielvorstellungen orientierten Erwartungshaltungen hinausgehen könnten. Nicht erwarten sollte man demnach von einem Mediationsverfahren:

➢ Die Herstellung eines Konsens in sämtlichen strittigen Fragen
➢ Eine Beschleunigung des Verfahrens
➢ Eine (fundamentale) Demokratisierung der Gesellschaft oder eine längerfristige stabile Veränderung der allgemeinen politischen Kultur
➢ Den Einsatz von Mediation als Instrument der Wahrheitsfindung
➢ Eine Akzeptanzerhöhung der von den Akteuren vertretenen Positionen in der Öffentlichkeit

Trotz dieser Einschränkung birgt die Anwendung von Mediation prinzipiell gute Chancen hinsichtlich einer insgesamt verbesserten Konfliktbehandlung und Lösungsfindung bezüglich umweltrelevanter Probleme in sich, wenn — und das ist ganz entscheidend — sich die Konfliktparteien an den oben dargestellten Zielvorstellungen orientieren.

Insbesondere Vertreter von Umweltverbänden und Bürgerinitiativen stehen Mediationsverfahren jedoch vielfach sehr skeptisch gegenüber, wenngleich auch sie den Nutzen, den sie aus einem solchen Verfahren ziehen könnten, erkennen. Dieser wird von besagten Gruppen vor allem darin gesehen, die Chance auf ein erhöhtes Maß an Mitwissen, Mitreden und Mitgestalten zu erlangen (vgl. TILS 1997:44). So bedingt es das Wesen des Mediationsverfahrens, daß Umweltverbänden und Bürgerinitiativen im Verfahren die Möglichkeit gegeben wird, zu umfassenden

Ziele und Chancen der Umweltmediation

Informationen zu gelangen, welche im Hinblick auf Planungs- und Entwicklungsprozesse relevant sind und ihnen sonst nur schwer oder gar nicht zugänglich wären. Die Offenlegung solcher Informationen und die damit verbundene Transparenz führen dann idealer Weise zu einem zusätzlichen Anstieg des (Fach-)Wissens in ihren Reihen.

Chancen ergeben sich für Umweltakteure ferner aus der Tatsache, daß andere Teilnehmer Ansichten und Argumente dieser Gruppe nicht ohne weiteres ignorieren können, da Mediationsverfahren von ihrem Anspruch her Wert auf eine inhaltliche und argumentative Auseinandersetzung legen. Daher besteht die reelle Chance, daß ein Vorhaben insgesamt umfassender geprüft wird und die Lösung des entsprechenden Konflikts qualitativ besser ausfällt.

Weiterhin besteht die Möglichkeit, daß insbesondere die beteiligten Umweltverbände und Bürgerinitiativen durch eigene konstruktive Mitwirkung am Verfahren zu einer stärkeren Einflußnahme gelangen, als dies gewöhnlich in herkömmlichen Verfahren der Fall ist. Niederschlagen kann sich dies z.B. im Sinne eines erhöhten Mitspracherechts im Hinblick auf eine mögliche Gutachter- bzw. Sachverständigenauswahl — einem Aspekt, der als durchaus bedeutend für die Entscheidungsfindung eingeschätzt wird (vgl. TILS 1997:44f).

Grundsätzlich wird davon ausgegangen, daß im Idealfall alle Teilnehmer eines Mediationsverfahrens von einer entsprechenden Lösungsfindung profitieren (können). Inwieweit jedoch tatsächlich von einem Gewinn für eine jede Partei gesprochen werden kann, hängt ab vom Verhandlungsspielraum der entsprechenden Partei und von den Alternativen, die sich ihr bieten.

Eine Konfliktpartei, welche bereit ist, einen breiten Rahmen an Lösungsmöglichkeiten zu akzeptieren und jede Lösung innerhalb dieses

Kapitel 4

Rahmens als ein positives Ergebnis für sich verbucht, hat von Anfang an einen relativ großen, an diesen Rahmen angepaßten, Verhandlungsspielraum. Dadurch wird es einer solchen Partei verhältnismäßig leicht gemacht, im Mediationsverfahren ein gewisses Maß an Entgegenkommen und Kooperationsbereitschaft zu zeigen — zumindest solange, wie sich ein mögliches Verhandlungsergebnis im Rahmen der von ihr akzeptierten Lösungsmöglichkeiten bewegt. Die Situation ist dagegen für eine Partei, die einen engeren Verhandlungsspielraum aufzuweisen hat, als deutlich schwieriger zu beurteilen und zwar um so mehr, je enger dieser Verhandlungsspielraum ist. Schnell kann sie hier an die Grenzen ihrer Verhandlungsfähigkeit (und damit auch ihrer Kooperationsbereitschaft) stoßen, wenn ein sich anbahnendes Verhandlungs-„Ergebnis" für sie nicht mehr akzeptabel erscheint. Spätestens dann stellt sich für diese Partei die Frage nach anderen, attraktiver erscheinenden Alternativen, als denen, die ihr durch die Teilnahme an einem Mediationsverfahren geboten werden. Doch welche besseren Alternativen kommen für diese Partei in Frage bzw. welches ist die beste Alternative, die für sie überhaupt in Frage kommt? FISHER et al. (1998:147) sprechen in diesem Zusammenhang von der „best alternative to a negotiated agreement" (BATNA), der „besten Alternative zur Verhandlungsübereinkunft". Wichtig ist es für eine Partei, diese beste Alternative zu (er)kennen. Denn erst dadurch wird es ihr möglich, Ergebnissen, die sich aus der Teilnahme an einem Mediationsverfahren für sie ergeben können, die angemessene Bedeutung zuzumessen. So erscheint es durchaus möglich, daß das Ergebnis eines Mediationsverfahrens außerhalb des eigentlichen Akzeptanzbereichs der Partei liegt. Tatsächlich kann es aber dennoch die beste Alternative sein, die sich dieser Partei überhaupt bietet.

Zusammenfassung

Übergeordnetes Ziel von Umweltmediationsverfahren ist es, zu einer insgesamt verbesserten Lösungsfindung bei Konflikten im Umweltbereich zu gelangen, indem zukunftsorientierte, von den Konfliktparteien gemeinsam getragene, eigenverantworte Konfliktregelungen im Rahmen konstruktiver, fairer und offener Kommunikationsprozesse erarbeitet werden. Eine konsequente Orientierung an diesen Zielvorstellungen eröffnet potentiell gute Chancen, daß alle der in einen Konflikt involvierten Parteien von einer entsprechenden Konfliktregelung profitieren.

Zur individuellen Beurteilung von Mediationsergebnissen ist es notwendig, die beste Alternative zur Verhandlungsübereinkunft zu kennen.

Kapitel 4

5. Harvard-Konzept und Transformationsansatz

Umweltmediation orientiert sich in der Praxis vor allem an zwei gegensätzlichen, sich zum Teil jedoch auch ergänzenden Ansätzen: Dem *verhandlungs- und lösungsorientierten Ansatz (Harvard-Konzept)* und dem sogenannten *Transformationsansatz* (vgl. KESSEN u. ZILLEßEN 1999:43f). Auf beide soll im folgenden näher eingegangen werden.

5.1. Das Harvard-Konzept

Das Harvard-Konzept ist der momentan vorherrschende Ansatz in der Umweltmediationspraxis (vgl. KESSEN u. ZILLEßEN 1999:43). Es wurde Anfang der 80er Jahre des 20. Jahrhunderts von FISHER und URY im Rahmen des sogenannten „Harvard Negotiation Project"[14] entwickelt. Im Vordergrund des Harvard-Konzepts steht die Methode des *sachbezogenen Verhandelns*, bei der Streitfragen lieber nach ihrer Bedeutung und ihrem Sachgehalt entschieden werden sollen als in einem Prozeß des Feilschens um das, was jede Seite unbedingt zu erstreiten oder nicht zu erstreiten beabsichtigt (vgl. FISHER et al. 1998:16f). Ziel des Konzepts ist es, Konflikte so zu lösen, daß das Ergebnis der Verhandlungen allen Beteiligten einen Nutzen bringt (sog. „win-win"-Situation) (vgl. FUCHS u. HEHN 1999:23).

Das Harvard-Konzept orientiert sich an vier grundlegenden Prinzipien:

---

[14] Das „Harvard Negotiation Project" ist ein Forschungsprojekt der Universität Harvard und Bestandteil des sogenannten „Program of Negotiation". Im Rahmen dieses Forschungsprojekts sollen verbesserte Methoden des Verhandelns und Vermittelns entwickelt werden, um zu Fortschritten in der Theorie und Praxis der Konfliktlösung zu gelangen (vgl. FISHER u. BROWN 1989:229).

Kapitel 5

1. Getrennte Behandlung von Menschen und Problemen

In einem Konflikt sind in der Regel vielfältige Emotionen mit der objektiven Sachlage des Problems verwoben. Konstruktive Konfliktlösung erfordert jedoch eine strikte Trennung zwischen Beziehungsebene und Sachebene. Erfolgt keine Trennung, so können Probleme, die auf der Sachebene liegen, sich negativ auf vorhandene Probleme auf der Beziehungsebene auswirken und umgekehrt. Möglicherweise kommt es zur Eskalation des Konflikts. Dies soll durch eine entsprechende Trennung der beiden Ebenen verhindert werden. Im Rahmen des Harvard-Konzepts wird daher Wert darauf gelegt, daß bereits vor jeder Erörterung der Sachlage das „menschliche Problem" abgelöst und getrennt von dieser behandelt wird, so daß eine auf der Sachebene angesiedelte Konfliktlösung (wieder) in den Vordergrund der Verhandlungen rückt (vgl. FISHER et al. 1998:31; KESSEN u. ZILLEßEN 1999:46f).

2. Konzentration auf Interessen und nicht auf Positionen

Ein zentraler Bestandteil des Harvard-Konzepts besteht darin, sich auf die verborgenen Interessen zu konzentrieren, die hinter den jeweiligen Positionen der Konfliktparteien verborgen liegen. Problemstellungen werden oftmals sehr pauschal betrachtet, so daß sich vielfach Positionen herausbilden, die sich als ein bloßes „Dafür-" oder „Dagegensein" darstellen. Solche Positionen erweisen sich in einer Vielzahl der Fälle als nicht verhandelbar — zumindest nicht, ohne daß eine der Parteien einen Gesichtsverlust zu befürchten hätte. Anders verhält es sich dagegen mit den Interessen, die sich hinter diesen Positionen verbergen. Diese werden prinzipiell als verhandelbar angesehen, so daß es als notwendig erachtet wird, sie ans Tageslicht zu fördern (vgl. KESSEN u. ZILLEßEN 1999:47).

Ein in diesem Zusammenhang angeführtes Beispiel, welches die Diskrepanz zwischen (nicht verhandelbaren) Positionen und den dahinterstehenden (durchaus verhandelbaren) Interessen noch einmal besonders verdeutlicht, betrifft den Streit zweier Bibliothekarsbesucher um das Öffnen bzw. Geschlossenhalten eines Fensters (FISHER et al. 1998:68):

„Zwei Männer streiten in einer Bibliothek. Der eine möchte das Fenster offen haben, der andere geschlossen. Sie zanken herum, wie weit man es öffnen soll: einen Spalt weit, halb-, dreiviertel offen. Keine Lösung befriedigt beide.

Die Bibliothekarin kommt herein. Sie fragt den einen, warum er denn das Fenster öffnen möchte. „Ich brauche frische Luft." Sie fragte den anderen, warum er das Fenster lieber geschlossen hat. „Wegen der Zugluft." Nach kurzem Nachdenken öffnet sie im Nebenraum ein Fenster weit. Auf diese Weise kommt frische Luft herein, ohne daß es zieht."

3. Entwicklung von Optionen, die für alle vorteilhaft sind

Jede Konfliktpartei verfolgt in der Regel verschiedene, für sie jeweils unterschiedlich wichtig erscheinende, Interessen gleichzeitig. Dabei müssen alle diese verschiedenen Interessen nicht zwangsläufig mit denen der anderen Konfliktparteien konkurrieren. Es dürften statt dessen vielfach auch Überschneidungen erkennbar sein (vgl. KESSEN u. ZILLEßEN 1999:48). Mit Hilfe dieses Grundprinzips soll nun versucht werden, aus der Vielzahl der sich ergebenden Interessenlagen, gemeinsam getragene Lösungsalternativen zu entwickeln, die sich für alle Beteiligen als vorteilhaft erweisen. Oder etwas anders formuliert: Dieses Prinzip dient der Entwicklung einer möglichst großen Anzahl verschiedener, denkbarer Lösungsmöglichkeiten. Dabei sollen im Vorfeld unbedachte Aspekte zutage gefördert werden, die sich im Hinblick auf die Problemlösung eventuell für alle Beteiligten als vorteilhaft erweisen (vgl. FUCHS et al. 1998:30).

Kapitel 5

4. *Objektive Bewertung der Lösungsalternativen*

Dieses Prinzip setzt sich mit der Beurteilung der entwickelten Lösungsalternativen auseinander. Dazu wird es als notwendig erachtet, daß bereits im Vorfeld der Verhandlungen nachvollziehbare und von allen Parteien als objektiv anerkannte Beurteilungskriterien entwickelt werden (vgl. FUCHS u. HEHN 1999:24). Auf diese Weise soll eine Lösung des Problems anhand fairer Bewertungsmaßstäbe erfolgen (vgl. FISHER et al. 1998:32).

Im Idealfall geht man davon aus, daß am Ende eines nach den Prinzipien des Harvard-Konzepts durchgeführten Verhandlungsprozesses sowohl ein sachliches Ergebnis, ein ausgewogener Interessenausgleich zwischen den Beteiligten sowie intakte wechselseitige Beziehungen als auch eine weiterhin möglich erscheinende Kommunikation zwischen den Teilnehmern stehen (vgl. FUCHS u. HEHN 1999:25).

5.2. Schwächen des Harvard-Konzepts

Das Harvard-Konzept weist jedoch auch einige Schwachstellen auf, die insbesondere bei Konflikten im Umweltbereich zum Vorschein kommen (vgl. dazu KESSEN u. ZILLEßEN 1999:56f).

Umweltkonflikte sind in der Regel solche, in die eine große Anzahl Betroffener involviert ist. Um zu vermeiden, daß eine jede Partei auf einen eigenen, ihre Argumentation unterstützenden, Bewertungsmaßstab zurückgreift, erscheint es prinzipiell sinnvoll, allgemein anerkannte Beurteilungskriterien zu entwickeln. Allerdings können hieraus zusätzliche Probleme entstehen, wenn solche Kriterien selbst zum Konfliktgegenstand werden. Dies kann dann der Fall sein, wenn sie in bezug auf ihre Wichtigkeit oder Gewichtung beurteilt werden. Denn Kriterien, die einer Partei als wichtig erscheinen, können aus Sicht einer anderen Partei gänzlich unwichtig sein.

Bei Konflikten im Umweltbereich werden in der Regel sehr vielfältige Interessen anzutreffen sein. Analog spiegelt sich dies im Vorhandensein höchst unterschiedlicher, variierender Zielvorstellungen der jeweiligen Konfliktbeteiligten wieder. Die Zielvorstellungen können dabei z.B. auf die Lösung des Gesamtkonflikts, auf die Klärung einzelner Sachfragen oder aber auch auf einen Informationsgewinn ausgerichtet sein, bis hin zur schlichten Möglichkeit, Gehör zu finden. Eine Einbindung all dieser vielfältigen Interessenebenen in das Harvard-Konzept läßt sich in der Praxis nur schwer verwirklichen.

Selbst wenn aufgrund von Verhandlungen Gewinne für alle Seiten zu verbuchen sein sollten, d.h. eine „win-win"-Situation entsteht, so können dennoch einzelne Parteien die Verteilung der Gewinne als ungerecht empfinden. Dabei erscheint es weniger wichtig, daß die Gewinne, die die einzelnen Parteien aus den Verhandlungen ziehen, auf jeden Fall gleich groß sind, als vielmehr, daß die Gewinne der anderen als akzeptabel gegenüber der eigenen Interessendurchsetzung wahrgenommen werden.

Eine weitere Schwachstelle des Harvard-Konzepts ist auch durch die Tatsache gegeben, daß viele Probleme schlichtweg keinen Kompromiß zulassen, der von allen Beteiligten getragen werden könnte, ohne daß sich eine Partei als Verlierer fühlt. Dies ist z.B. grundsätzlich bei all den Problemen der Fall, die durch einen Wertekonflikt beherrscht werden, wie z.B. die Frage danach, ob die

Kapitel 5

Nutzung der Kernenergie zu verantworten sei. Hier stehen prinzipiell nur die Lösungsalternativen „Ja" oder „Nein" zur Diskussion. Dadurch wird das Finden eines Kompromisses unmöglich gemacht. Kurz gesagt, es wird immer Fälle geben, die keine „win-win"-Lösungen zulassen[15] (vgl. TROJA 1998b:429f). Diese Fälle begrenzen damit automatisch den Anwendungsbereich des Harvard-Konzepts.

5.3. Der Transformationsansatz

Wie in Kapitel 5.1 dargestellt, liegt der Schwerpunkt des Harvard-Konzepts auf dem sachorientierten Verhandeln. Der noch relativ neue Transformationsansatz dagegen setzt bei der Initiierung eines neuen Diskursverhaltens an und weniger bei der Lösung konkreter Konflikte (vgl. TROJA 1998a:98). Diesem Ansatz liegt die Idee zugrunde, daß ein Konflikt nicht nur ein Produkt widerstreitender Interessen ist, sondern vor allem eine Auseinandersetzung um gegenseitige Anerkennung, Identität und gesellschaftliche Stellung (vgl. FUCHS u. HEHN 1999:25f). Er ist damit keine feste und unveränderliche Größe, sondern eine, die sich nur in einem dynamisch verändernden Kontext begreifen läßt (vgl. KESSEN u. ZILLEßEN 1999:52). Der Transformationsansatz berücksichtigt daher Zwänge, denen einzelne Gruppen unterliegen, vorhandene Machtverteilungen und –ungleichgewichte zwischen und innerhalb der Konfliktparteien, aber auch Faktoren wie Ängste, Einstellungen oder Sorgen, die von den Teilnehmern geäußert werden. Im Mittelpunkt des Transformationsansatzes steht eine Entwicklung, die zu dauerhaft stabilen Beziehungen zwischen den Konfliktbeteiligten sowie zu

---

[15] Vgl. dazu auch Kapitel 9. Grenzen und Risiken der Umweltmediation.

bewußten Veränderungsprozessen hinführen soll (vgl. FUCHS u. HEHN 1999:26). Diesbezüglich sollen die Teilnehmer der Mediation dazu befähigt werden, die vorhandenen Konflikte selbstverantwortlich zu regeln. Ferner sollen sie auch lernen, sich den anderen Konfliktbeteiligten zu öffnen, deren Lage zu verstehen sowie die Beteiligten zu akzeptieren und zu respektieren, kurz: sie anzuerkennen (vgl. KESSEN u. ZILLEßEN 1999:52).

Mediation wird im Rahmen des Transformationsansatzes in erster Linie als Möglichkeit zu sozialem Lernen begriffen (vgl. TROJA 1998a:98). Damit verbunden ist die Vorstellung, daß die Konfliktparteien zu einem neuen Verständnis von Mensch und Gesellschaft (vgl. FUCHS u. HEHN 1999:26) und damit auch zu einer veränderten Bewertung eigener Interessen kommen können (vgl. KESSEN u. ZILLEßEN 1999:54).

KESSEN und ZILLEßEN (1999:43f) vermuten, daß trotz der dominierenden Rolle des Harvard-Konzepts in der deutschen Umweltmediation, Erfolge weniger in der Realisierung konsensualer Verhandlungsergebnisse liegen als im Bereich transformatorischer Leistungen. Ihrer Ansicht nach befindet sich der Transformationsansatz noch zu Unrecht im Hintergrund. Zugleich sehen sie jedoch eine zunehmende Bedeutung der Idee der transformativen Mediation.

Zusammenfassung

Umweltmediation in Deutschland orientiert sich hauptsächlich an zwei Ansätzen, die sich gegenseitig ergänzen. Beim vorherrschenden handlungs- und lösungsorientierten Ansatz, dem sogenannten Harvard-

Kapitel 5

Konzept, steht die Methode des sachgerechten Verhandelns, bei dem Streitfragen nach ihrer Bedeutung und ihrem Sachgehalt entschieden werden sollen, im Vordergrund. Der Transformationsansatz dagegen strebt die Initiierung eines neuen Diskursverhaltens an. Mediation wird hier vornehmlich als Möglichkeit zu sozialem Lernen aufgefaßt.

6. Ablauf des Umweltmediationsverfahrens

6.1. Die Phasen des Verfahrens

Wie darf man sich nun den Ablauf eines Umweltmediationsverfahrens vorstellen? Typischerweise erfolgt die Vorbereitung, Durchführung und Nachbereitung eines Mediationsverfahrens schrittweise und in mehreren, aufeinander aufbauenden Phasen. Allerdings existiert für den Ablauf von Mediationsverfahren kein starr festgelegtes und standardisiertes Schema (vgl. FUCHS et al. 1998:35). Abhängig vom jeweiligen Einzelfall können daher die Grenzen zwischen den Phasen mehr oder minder stark verwischen. Ferner variiert in Abhängigkeit von der Sichtweise der jeweiligen Autoren die Anzahl der angenommenen unterschiedlichen Mediationsphasen stark. Während z.b. MOORE (1986:32f) zwölf Stufen oder Phasen identifiziert, reichen SUSSKIND u. CRUIKSHANK (1987:142f) ganze drei Phasen aus, um den Mediationsprozeß zu untergliedern. Bei einer Unterteilung des Mediationsprozesses in drei Phasen sind die einzelnen Phasen jedoch so weiträumig gefaßt, daß sie die von anderen Autoren vorgeschlagenen weiteren Phasen bereits als Unterphasen beinhalten.

Im folgenden möchte ich mich im großen und ganzen auf eine mögliche und in Deutschland verbreitete Einteilung beziehen, wie sie in ähnlicher Form von FUCHS u. HEHN (1999:28) sowie von GÜNTHER (1999:54) vorgeschlagen wird. Demnach läßt sich ein Mediationsverfahren in vier aufeinanderfolgende Phasen unterteilen, die sogenannte *Initiierungsphase*, die *Vorbereitungsphase*, die *Erarbeitungs- oder Durchführungsphase* sowie die *Entscheidungs- und Umsetzungsphase*.

Kapitel 6

6.1.1. Initiierungsphase

In der Initiierungsphase und der darauffolgenden Vorbereitungsphase werden die Grundlagen für den weiteren Verlauf des Mediationsverfahrens geschaffen. Die Initiierungsphase stellt gewissermaßen den Ausgangspunkt für eine Mediation dar. Hier wird der Anstoß zum Mediationsverfahren gegeben. Angeregt werden Umweltmediationsverfahren vielfach dadurch, daß einzelne Konfliktparteien die Anwendung von Mediation für die jeweils eigene Situation als erfolgversprechend ansehen. Auch wenn als Anstoßgeber für eine Mediation sowohl Bürgerinitiativen als auch Behörden in Frage kommen, so geschieht die Ausschreibung eines Verfahrens gewöhnlich durch einen Auftraggeber, der aus Reihen der verantwortlichen Verwaltung stammt. Dadurch soll dem Umstand Rechnung getragen werden, daß Umweltverbänden und Bürgerinitiativen in der Regel nicht genügend finanzielle Ressourcen zur Verfügung stehen, um von sich aus eine Beauftragung des Verfahrens zu initiieren. Dennoch soll versucht werden, allen Konfliktparteien Mitspracherecht einzuräumen hinsichtlich der Anforderungen an die Mediation, d.h. den Verfahrensablauf und die Auswahl des Mediators bzw. des Mediatorenteams (vgl. GÜNTHER 1999a:55ff). Als wichtig in dieser Phase werden ferner das Vermitteln von Informationen hinsichtlich des Themas Mediation sowie eine Klärung der Finanzierungsmöglichkeiten angesehen (vgl. FUCHS u. HEHN 1999:27).

6.1.2. Vorbereitungsphase

In die Vorbereitungsphase fällt zunächst das Erstellen einer Situations- und Konfliktanalyse, indem von den Mediatoren umfassende Hintergrundrecherchen durchgeführt werden. Als wichtig wird dabei erachtet, daß sich im Rahmen dieser Recherchen klärt, welches die jeweiligen Interessen- bzw. Konfliktparteien sind, welche Positionen sie vertreten und wie sie zur Mitwirkung am Mediationsverfahren zu bewegen sind (vgl. GÜNTHER 1999a:59f). Eine angemessene und ausreichende Berücksichtigung aller vertretenen Interessen in Form von Repräsentanten dieser Interessengruppen wird als notwendig angesehen, um ein sinnvoll erscheinendes Mediationsverfahren einleiten zu können. Dazu muß aber auch der Mediator selbst von den Konfliktparteien bestätigt werden (vgl. FUCHS u. HEHN 1999:28). Anhand der Recherchen treffen die Mediatoren schließlich eine Vorentscheidung darüber, welche Interessenvertreter an der Mediation teilnehmen sollten. Die Gruppe der Teilnehmer kann zu Beginn der nächsten Phase der Mediation, der sogenannten Erarbeitungs- oder Durchführungsphase, auf Wunsch der bereits feststehenden Teilnehmer noch verändert werden (vgl. GÜNTHER 1999a:66).

Den Abschluß findet die Vorbereitungsphase schließlich durch das Erstellen eines Situationsberichts. In ihm werden noch einmal die Zielsetzungen, Aufgaben, inhaltlichen Schwerpunkte, der vorläufig geplante Ablauf der Mediation sowie Vorschläge für die Zusammensetzung der Teilnehmer der Mediation dargelegt. Weiterhin umfaßt dieser Situationsbericht auch den Entwurf einer Geschäftsordnung, der eine erste Verständigung über Regeln der Zusammenarbeit enthält (vgl. GÜNTHER 1999a:67).

Kapitel 6
6.1.3. Erarbeitungs- oder Durchführungsphase

Die Erarbeitungs- oder Durchführungsphase stellt das eigentliche Kernstück des Mediationsverfahrens dar. Hier sollen bereits zu Beginn grundlegende inhaltliche und organisatorische Fragen geklärt und abgestimmt werden. Darunter fällt zunächst die Verständigung der Mediationsteilnehmer über die in der Vorbereitungsphase erarbeiteten Vorschläge hinsichtlich der für das Mediationsverfahren für notwendig gehaltenen Regeln. Es wird empfohlen, diese Regeln in einer überschaubaren, der Aufgabe angemessenen Geschäftsordnung festzulegen. Weiterhin soll auch eine Verständigung über die Zielsetzungen, Aufgaben und inhaltlichen Schwerpunkte der Mediation sowie über den Ablauf des Verfahrens in Einklang mit den Beteiligten erfolgen. Typischerweise wird dazu von den Mediatoren ein vorläufiger Arbeitsplan vorgelegt, welcher im Laufe des Verfahrens unter Berücksichtigung der Wünsche der Teilnehmer aktualisiert wird. Auch dieser Arbeitsplan sollte Bestandteil der Geschäftsordnung sein (vgl. GÜNTHER 1999a:68f).

Ferner erscheint eine Klärung hinsichtlich der Planungsebenen und der Konfliktbereiche, die gemeinsam bearbeitet werden sollen, notwendig. Dadurch soll schon möglichst früh abgeklärt werden, welche Bereiche im Rahmen der Mediation (erfolgreich) bearbeitet werden sollen und welche vermutlich außerhalb möglicher Beeinflussungsmöglichkeiten liegen (vgl. GÜNTHER 1999a:69). In der Erarbeitungsphase können sehr verschiedene Arbeitsformen[16] zum Einsatz kommen, wobei deren Verwendung situationsabhängig ist.

Vorrangiges Ziel der Erarbeitungsphase ist das Erreichen eines Interessenausgleichs zwischen den Beteiligten, eine insgesamt

---

[16] Vgl. dazu Kapitel 6.2. Arbeitsformen.

konstruktive Konfliktbearbeitung[17] sowie das Erarbeiten von Lösungsalternativen. Konfliktregelung erfolgt in der Regel in drei aufeinanderfolgenden Schritten: Gemeinsame Problembeschreibung — gemeinsame Ideensuche — Entwicklung von Lösungsoptionen (vgl. FUCHS u. HEHN 1999:28). An dieser Stelle sind vielfach in besonderem Maße die Fähigkeiten des Mediators gefordert[18].

Da Mediationsverfahren im Umweltbereich vornehmlich dann eingesetzt werden, wenn schwierige Problem- und Konfliktlagen vorherrschen, kann nicht davon ausgegangen werden, daß zu allen Streitpunkten einvernehmliche Lösungen gefunden werden. Vor diesem Hintergrund bewertet GÜNTHER (1999:82) schon das Erreichen von Teilkonsensen bzw. Teillösungen als Erfolg.

Als wichtig für den (erfolgreichen) Verlauf eines Mediationsverfahrens wird die Rückkopplung der Informationen und Ergebnisse zwischen Mediationsteilnehmern und den repräsentierten Interessengruppen erachtet, damit die ausgehandelten Ergebnisse letztendlich auch von den hinter den Beteiligten stehenden Interessengruppen getragen werden (vgl. GÜNTHER 1999a:83).

6.1.4. Entscheidungs- und Umsetzungsphase

In dieser letzten Phase erfolgt eine sorgfältige Dokumentation des Mediationsverfahrens. Dadurch soll die angestrebte Transparenz des Verfahrens und die Zielorientierung der gemeinsamen Arbeit noch einmal verdeutlicht werden. Die aus der Mediation resultierenden Ergebnisse haben in der Regel eine entscheidungsvorbereitende Funktion, indem sie als Ergänzung zu Verwaltungs- oder

---

[17] Vgl. dazu Kapitel 2.1. Konflikt und Konfliktbehandlung.
[18] Vgl. dazu Kapitel 2.4.2. Anforderungen an den Mediator.

Kapitel 6

Gerichtsverfahren dienen. Dennoch sind diese informell erhaltenen Ergebnisse in keiner Weise rechtlich bindend (vgl. GÜNTHER 1999a:83ff). Möglich erscheint es jedoch, ausgehandelte Vereinbarungen auf freiwilliger (vgl. JEGLITZA u. HOYER 1998:138ff) oder vertraglicher Basis (vgl. GAßNER et al. 1992:126ff) zu fixieren. In der Praxis erweist sich die Bindung der Entscheidungsträger an die Umsetzung der in der Mediation getroffenen Ergebnisse jedoch als problematisch. So berichtet WEIDNER (1996:34f) davon, daß es „Kennzeichnend für die Mehrzahl der relativ erfolgreichen Verfahren ist, daß nur Teilkonsense erzielt und nur Teile der Übereinkunft implementiert wurden".

Weiterhin gehören zur Entscheidungs- und Umsetzungsphase gegebenenfalls Vereinbarungen hinsichtlich einer schnellen und sachlichen Lösung von möglicherweise auftretenden Folgeproblemen (vgl. FUCHS u. HEHN 1999:28f).

6.2. Arbeitsformen

In Mediationsverfahren können unterschiedliche Arbeitsformen zum Einsatz kommen. Praktische Erfahrungen zeigen, daß es sich dabei als vorteilhaft erwiesen hat, diese während des Verfahrens gelegentlich zu wechseln (vgl. FIETKAU u. WEIDNER 1998:67). Wichtige, in Frage kommende Arbeitsformen wären (vgl. dazu FIETKAU u. WEIDNER 1998:67f):

➢ *Arbeit im Plenum*

Bei der Arbeit im Plenum geht es unter anderem um die Sammlung von für die Mediation relevanter Themen und Probleme. Weiterhin gehören dazu eine umfassende Informationsvermittlung,

Ablauf des Umweltmediationsverfahrens

eine Präzisierung von Verhandlungsmaßstäben, aber auch das Festlegen der weiteren Verfahrensschritte. Eine hier vielfach angewandte Methode ist die des Brainstormings. Weiterhin umfaßt Plenumsarbeit die Suche nach verschiedenen Lösungsoptionen sowie das Erstellen eines Ergebnisprotokolls.

➤ *Arbeit in Kleingruppen*

Arbeit in Kleingruppen bietet sich besonders dann an, wenn es um die Klärung spezifischer Konfliktsituationen geht.

➤ *Pendeldiplomatie*

Mit Hilfe der Pendeldiplomatie versucht der Mediator, verfahrene Situationen wieder „in Gang zu setzen" und Entwicklungsmöglichkeiten für das Verfahrens zu erkunden. Dazu greift er auf Einzelgespräche mit Personen oder Gruppen zurück.

➤ *Gemeinsame Informationsbeschaffung*

Hierunter fallen z.B. die gemeinsame Besichtigung einer technischen Anlage, der Besuch einer Podiumsdiskussion zwischen Gutachtern unterschiedlicher Auffassung oder aber auch die Teilnahme an einer Fachtagung u.ä..

➤ *Gemeinsame informelle Veranstaltungen*

Als konstruktive Elemente werden z.B. gemeinsame Ausflüge oder gemeinsames Essen, aber auch der gemeinsame Besuch von Informationsveranstaltungen oder Demonstrationsprojekten betrachtet.

Kapitel 6
Zusammenfassung

Mediationsverfahren sind phasenhaft strukturierte Verfahren, bei denen die Vorbereitung, Durchführung und Nachbereitung in mehreren aufeinanderfolgenden Schritten stattfindet. Eine exakte Abgrenzung der einzelnen Phasen ist dabei nicht immer möglich. Eine vierteilige Phaseneinteilung des Mediationsverfahrens bestehend aus 1) Initiierungsphase, 2) Vorbereitungsphase, 3) Erarbeitungs- oder Durchführungsphase und 4) Entscheidungs- und Umsetzungsphase stellt eine sinnvoll erscheinende Möglichkeit zur Untergliederung des Verfahrens dar.

In Mediationsverfahren werden typischerweise unterschiedliche Arbeitsformen verwendet. Als besonders wichtig erscheinen hierbei die Arbeit im Plenum und in Kleingruppen, der Einsatz von Pendeldiplomatie, die gemeinsame Informationsbeschaffung sowie die Nutzung gemeinsamer informeller Veranstaltungen.

7. Fallbeispiel: Abfallwirtschaftskonzept des Kreises Neuss

Im Kreis Neuss (NRW) wurde im Zeitraum zwischen März 1992 und August 1993 ein Mediationsverfahren initiiert, welches sich als erstes in Deutschland mit der Thematik eines Abfallwirtschaftskonzepts auseinandersetzte (vgl. JEGLITZA u. HOYER 1998:139). Anhand dieses Beispiels lassen sich sowohl Vor- als auch Nachteile von Mediation im Umweltbereich demonstrieren.

7.1. Hintergrund

Der Kreis Neuss ist entsorgungspflichtige Körperschaft für Siedlungsabfälle und daher dazu verpflichtet, ein Abfallwirtschaftskonzept aufzustellen und dieses alle fünf Jahre zu aktualisieren. 1986 wurde das erste Abfallwirtschaftskonzept verabschiedet. Der Entwurf der aktualisierten Fassung von 1991 löste den Konflikt aus, der schließlich zur Initiierung des Mediationsverfahrens führte.

Im Entwurf wurde davon ausgegangen, daß sich die Abfallmenge des Kreises von etwa 666000 t/Jahr nicht verringern würde, weil damit gerechnet wurde, daß geplante Vermeidungsmaßnahmen durch das erwartete Bevölkerungs- und Wirtschaftswachstum voll ausgeglichen werden würden. Vor diesem Hintergrund kam es zur Planung einer zusätzlichen Deponie und einer Hausmüllverbrennungsanlage (MVA). Anhand eines Gutachtens wurden für die MVA drei potentielle Standorte vorgeschlagen (vgl. HOLZINGER 1995:47).

Kapitel 7

In die Kritik der Öffentlichkeit gerieten zentrale Annahmen des Abfallwirtschaftskonzepts. Kritisiert wurden zunächst die als nicht ausreichend eingestuften Müllvermeidungs- und - verwertungsmöglichkeiten. Ferner wurden Versäumnisse hinsichtlich des Einsatzes geeigneter Verfahren der Getrenntsammlung, Sortierung sowie Behandlung von Müll ausgemacht. Insbesondere wurden Steigerungsmöglichkeiten in bezug auf die Vermeidungs- und Verwertungsquoten von Gewerbemüll gesehen. Vor diesem Hintergrund wurde die Notwendigkeit der MVA in Frage gestellt. Neben der generellen Notwendigkeit gerieten ferner die geplante Kapazität, der potentielle Standort sowie ökologische und gesundheitliche Auswirkungen der MVA in die Kritik (vgl. HOLZINGER 1995:47).

Der Konflikt um das Abfallwirtschaftskonzept des Kreises Neuss läßt sich damit als Umweltkonflikt charakterisieren, der sowohl Aspekte eines allgemeinen Umweltnutzungs- als auch eines Standortkonflikts einschließt (vgl. HOLZINGER 1995:47f).

7.2. Verfahrensablauf

Um den Konflikt beizulegen, wurde — in Übereinkunft mit dem Kreis Neuss — vom Wissenschaftszentrum Berlin für Sozialforschung (WZB) ein Mediationsverfahren initiiert, welches von letzterem finanziert und wissenschaftlich begleitet wurde (vgl. FIETKAU u. WEIDNER 1998:218f).

Das Mediationsverfahren umfaßte insgesamt neun Sitzungen. An den Sitzungen nahmen jeweils bis zu drei (vgl. JEGLITZA u. HOYER

Fallbeispiel: Abfallwirtschaftskonzept des Kreises Neuss

1998:139) Vertreter folgender Gruppen teil (vgl. HOLZINGER 1995:48):
- Die Kreisverwaltung (vertreten durch den Umweltdezernenten und das Abfallamt)
- Die Umwelt- bzw. Abfallämter der acht Kreiskommunen
- Alle im Kreistag vertretenen Parteien (SPD, CDU, FDP, GRÜNE)
- Fünf Bürgerinitiativen aus dem Kreis, darunter alle Müllverbrennungsgegner
- Die Kreisgruppe des Bund für Umwelt- und Naturschutz Deutschland (BUND)
- Der Naturschutzbund (NABU)
- Der Landesverband der Natur- und Umweltschutzverbände (LNU)
- Ein Ortsverband des Deutschen Kinderschutzbundes
- Der DGB-Kreisverband
- Die Kreishandwerkerschaft
- Die Industrie- und Handelskammer
- Die evangelische Kirche
- Die katholische Kirche

Wesentliche Inhalte der Mediationssitzungen waren die Vergabe, Vorstellung und Diskussion verschiedener Gutachten. Diese befaßten sich mit der bzw. dem (vgl. HOLZINGER 1995:48f):
- Abfallwirtschaftskonzept des Kreises
- Gesundheitsvorbelastung
- Immissionsvor- und –zusatzbelastung
- Lärmbelastung
- Verkehrslage der drei potentiellen Standorte der Anlage
- Restabfallbehandlungstechnik (thermische und biologisch-mechanische Verfahren)
- Vermeidungspotential bei Gewerbeabfall

Kapitel 7

Eine der neun Sitzungen bestand aus einem Expertenhearing zu rechtlichen und technischen Fragen der Restabfallbehandlung. Ein thematisch ähnliches Expertenhearing wurde zudem speziell für die Bürgerinitiativen und Umweltverbände einberufen. Daneben fanden in kleinerem Kreis drei weitere Abstimmungsgespräche zur Gutachtenvergabe statt. Außerdem kam es zu informellen Treffen einzelner Gruppen mit oder ohne Anwesenheit des Mediators (vgl. HOLZINGER 1995:49).

Scheinbar für einige Gruppen überraschend, teilte die Kreisverwaltung in der neunten Sitzung mit, daß sie dem Kreistag eine Beschlußvorlage zur Standortsicherung für eine thermische Abfallbehandlungsanlage überreichen werde. Beantragt werden solle die Eintragung eines Planzeichens im Gebietsentwicklungsplan. Noch offen bleiben solle dagegen die Frage nach der genauen Technik. Umweltverbände, Bürgerinitiativen und die GRÜNEN stimmten diesem Beschluß nicht zu und erklärten, daß sie auf ihrer Forderung nach einer biologisch-mechanischen Restabfallbehandlung bestünden. Der Mediator sah unter diesen Voraussetzungen keinen Sinn mehr darin, an einer Fortführung des Mediationsverfahrens festzuhalten (vgl. HOLZINGER 1995:49).

Mitte September 1993, d.h. knapp drei Wochen nach Beendigung des Mediationsverfahrens, wurden das aktualisierte Abfallwirtschaftskonzept mit kleinen Änderungen sowie die Beschlußvorlage der Kreisverwaltung zur Standortsicherung im Kreisumweltausschuß beschlossen. Weitere knappe zwei Wochen später erfolgte deren Verabschiedung durch den Kreistag. Bereits eine knappe Woche vor der Verabschiedung kündigten Bürgerinitiativen und Umweltverbände in einer Pressekonferenz an, rechtliche und politische Initiativen gegen die geplante Müllverbrennungsanlage durchzuführen (vgl. HOLZINGER 1995:49).

7.3. Ergebnisse

Das Mediationsverfahren wurde beendet, ohne daß es zu einer Einigung in den Kernfragen kam. Strittig blieben bis zum Schluß die Fragen nach der Restabfallbehandlungstechnik (Müllverbrennung oder biologisch-mechanische Behandlung des Mülls) und nach einem möglichen Standort für die MVA (vgl. FIETKAU u. WEIDNER 1998:226). Es wurde zunächst jedoch keine verbindliche Entscheidung getroffen hinsichtlich der Standortsicherung (vgl. HOLZINGER 1995:49). Und auch über mögliche Investitionen sollte nicht vor Ende 1995 entschieden werden. Bis dahin sollten weitere Restmüllbehandlungsverfahren geprüft werden (vgl. JEGLITZA u. HOYER 1998:140). Es bestand somit noch eine gewisse Offenheit in bezug auf technische, abfallmengenmäßige und politische Entwicklungen (vgl. HOLZINGER 1995:49).

Trotz dieses zum Teil unbefriedigenden (Sach-)Ausgangs des Verfahrens, ist es in vielen Bereichen zu einer deutlichen Annäherung der Standpunkte der Teilnehmer gekommen. Dabei konnten in einer Vielzahl von Einzelfragen Konsense erzielt werden. So wurden u.a. gemeinsam Defizite bei der Vermeidung und Verwertung von Gewerbeabfällen festgestellt. Zur genaueren Beurteilung dieser Defizite wurde die Erstellung eines Spezialgutachtens in Auftrag gegeben. Für den Bereich des Hausmülls und der hausmüll-ähnlichen Gewerbeabfälle wurden zusätzliche Vermeidungs- und Verwertungsmaßnahmen beschlossen. Diese gingen über die Planungen im Abfallwirtschaftskonzept von 1991 hinaus. Durch eine wesentlich differenziertere Erfassung der Abfallmengen ist es weiterhin zu einer Verbesserung der Abfalldatengrundlage gekommen. Schließlich wurden die Planungsdaten für die strittigen Restabfallmengen während des Verfahrens sowie nach Beendigung der Mediation von der

Kapitel 7

Kreisverwaltung deutlich nach unten korrigiert. So kam es zu einer erneuten Überarbeitung des Abfallwirtschaftskonzepts (vgl. HOLZINGER 1995:49f). In den Grundzügen der geplanten Aktualisierung des Konzepts wurde schließlich statt der ursprünglich angenommenen anfallenden Abfallmenge des Kreises von 666000 t/Jahr nur noch eine Menge von etwa 600000 t/Jahr zugrunde gelegt. Diese könnte durch Klärschlamm-Entwässerung um weitere 5% verringert werden (vgl. FIETKAU u. WEIDNER 1998:229).

Schließlich stellte sich heraus, daß die Abfallmengen des Kreises so stark rückläufig waren, daß die geplanten Deponiekapazitäten deutlich länger reichen würden, als noch 1993 angenommen wurde. Daraufhin wurden die Planungen für den Bau der MVA Anfang 1995 abgebrochen. Mittlerweile ist es zu einer Kooperation des Kreises Neuss mit zwei benachbarten Körperschaften gekommen (vgl. FIETKAU u. WEIDNER 1998:230f).

Neben den reinen Sachergebnissen wird der von hoher Sachlichkeit und fachlicher Kompetenz geprägte Ablauf des Verfahrens herausgestellt. Es wird darauf hingewiesen, daß alle beteiligten Gruppen durch ihre Teilnahme an der Mediation einen verbesserten Zugang zu Informationen erhalten haben, die für die Problemstellung relevant waren (vgl. HOLZINGER 1995:50). Positiv hervorgehoben wird auch, daß die Entscheidungsgrundlagen von Politik und Verwaltung transparenter gemacht werden konnten (vgl. FIETKAU u. PFINGSTEN 1995:63). Weiterhin wird darauf hingewiesen, daß Umweltverbände und Bürgerinitiativen aufgrund des Mediationsverfahrens einen verbesserten Zugang zur Verwaltung erhielten. Auch wird auf die engere Vernetzung dieser Gruppen untereinander sowie eine entsprechend engere Vernetzung zwischen

Fallbeispiel: Abfallwirtschaftskonzept des Kreises Neuss

Umweltverwaltungen und Kreiskommunen hingewiesen (vgl. HOLZINGER 1995:50).

Durch das Mediationsverfahren wurde der Entscheidungsprozeß deutlich verzögert, und die in der Zwischenzeit durchgeführten Diskussionen führten zu einer insgesamt größeren Offenheit hinsichtlich technischer Alternativen. Im nachhinein wird die zeitliche Verzögerung als positiv bewertet, da sich erst im Rahmen dieser Verzögerung die allgemeine Erkenntnis gewinnen ließ, daß ein Verzicht auf die MVA sinnvoll wäre. In einem fortgeschritteneren Planungsstadium der MVA wäre es eventuell schwerer gefallen, auf ihre Realisierung zu verzichten, insbesondere dann, wenn schon Investitionen getätigt worden wären (vgl. FIETKAU u. WEIDNER 1998:263).

Zusammenfassung

Das Mediationsverfahren zum Abfallwirtschaftskonzept des Kreises Neuss kann als ein Exempel für die Anwendung von Mediation im Umweltbereich dienen. Beispielhaft werden hier neben Vorteilen, die der Einsatz eines solchen Verfahrens mit sich bringen kann, insbesondere auch eine Reihe von Schwierigkeiten und Problemen offensichtlich, die sich bei der Lösungsfindung eines bestehenden Umweltkonflikts ergeben können.

Kapitel 7

8. Zur Professionalisierung der Umweltmediation in Deutschland

8.1. Entwicklung von Qualitäts- und Ausbildungsstandards in der Umweltmediation

Im Hinblick auf die Etablierung von Mediation in Deutschland setzen sich deren Befürworter dafür ein, daß entsprechende Mediationsverfahren methodisch klar gegliedert und strukturiert verlaufen und sich an anerkannten Qualitäts- und Ausbildungsstandards orientieren (vgl. APEL u. GÜNTHER 1999:7f). So verwundert es auch nicht, daß in Deutschland seit einigen Jahren eine Entwicklung hin zur Institutionalisierung der Mediation festzustellen ist. Speziell im Bereich der Umweltmediation haben sich Ende 1997 Umweltmediatoren nach einer etwa zweijährigen Konstituierungsphase zur Interessengemeinschaft Umweltmediation e. V. (IGUM) zusammengeschlossen. Etwa gleichzeitig kam es zur Gründung des Fördervereins Umweltmediation e.V., der sich die Implementierung der Umweltmediation in Deutschland zum Ziel gesetzt hat (vgl. GÜNTHER 1999a:40ff).

Neben den von der Bundesarbeitsgemeinschaft für Familienmediation herausgegebenen Richtlinien für Mediation in Familienkonflikten (vgl. BUNDESARBEITSGEMEINSCHAFT FÜR FAMILIENMEDIATION 1995:281ff) ist der Bereich der Umweltmediation mittlerweile der zweite Teilbereich der Mediation in Deutschland, für den Qualitäts- und Ausbildungsstandards entwickelt wurden (vgl. HEHN 1999a:247).

Diese „Standards für Umweltmediation", wurden von einer interdisziplinär zusammengesetzten Gruppe bestehend aus Vertreten

Kapitel 8

des Fördervereins Umweltmediation, der Interessengemeinschaft Umweltmediation, des Deutschen AnwaltVereins, der MEDIATOR GmbH, der Fernuniversität Hagen sowie der Universität Oldenburg entwickelt (vgl. HEHN 1999a:247) und im Jahre 1999 veröffentlicht. Die Standards setzen sich auseinander mit dem Verständnis von Umweltmediation, entsprechenden Zielsetzungen und Prinzipien sowie dem Ablauf des Verfahrens. Des weiteren wird in ihnen auch auf Aufgaben des Mediators eingegangen. Ein Schwerpunkt der Standards umfaßt den Bereich der Ausbildung. Hier werden Richtlinien vorgelegt, die die Inhalte einer Ausbildung zum Umweltmediator sowie Qualifikationsanforderungen an Ausbilder in Umweltmediation regeln.

Die Standards sind gedacht als *flexibles Regelwerk*, das einer wissenschaftlichen Diskussion standzuhalten hat und durch ständigen Austausch zwischen Theorie und Praxis optimiert wird.[19]

8.2. Qualifikationsanforderungen an den Mediator

Die von vielen gewünschte Professionalisierung der Umweltmediation geht einher mit bestimmten Vorstellungen hinsichtlich der Qualifikation des Mediators. Da in Deutschland jedoch erst seit Kurzem Ausbildungsstandards verfügbar sind und es bislang somit — wenn überhaupt — nur wenige nach diesen Standards ausgebildete professionelle Umweltmediatoren geben dürfte, werden zum größten Teil wohl auch noch heute andere, vermeintlich wichtig erscheinende Qualifikationsanforderungen an einen Mediator gestellt.[20]

---

[19] Für den vollständigen Wortlaut der „Standards für Umweltmediation" vgl. FÖRDERVEREIN UMWELTMEDIATION E. V. (1999b:258ff).
[20] Eingegangen wurde darauf zum Teil bereits in Kapitel 2.4.2. Anforderungen an den Mediator.

Auch wenn kein festes Anforderungsprofil hinsichtlich der persönlichen Fähigkeiten, die ein Mediator besitzen sollte, existiert, werden eine fundierte Allgemeinbildung sowie Kenntnisse des Aktionsfeldes, in dem die Mediation stattfindet, als nützlich erachtet. Als weniger bedeutsam werden dagegen Kenntnisse zu rechtlichen oder technischen Spezialfragen, die sich innerhalb eines Mediationsverfahrens ergeben können, angesehen. Hier wird auf die Sachkompetenz externer Experten verwiesen. Als wesentliche Eigenschaften, die ein Mediator mitbringen sollte, gelten die einer gereiften und möglichst vorurteilsfreien Persönlichkeit, welche einen Arbeitsstil aufweist, der durch Kommunikationsbereitschaft, Fairneß und soziale Kompetenz gekennzeichnet ist (vgl. FUCHS u. HEHN 1999:30).

Ein typisches Persönlichkeitsprofil eines Mediators könnte nach FUCHS u. HEHN (1999:30) etwa folgendermaßen aussehen:
- Ausbildung in einem (zumeist akademischen) psychosozialen oder anderen kommunikationsorientierten Beruf oder andere Professionen, wie z.B. juristische oder naturwissenschaftliche mit entsprechender Zusatzqualifikation
- Möglichst mehrjährige Berufserfahrung in der Beratung oder im öffentlichen Leben stehend
- Extrovertiert und beobachtend, dabei intuitiv mit einer Mischung aus Einfühlungsvermögen und nüchterner Rationalität

Zusammenfassung

Der Bereich der Umweltmediation ist der zweite Teilbereich der Mediation in Deutschland, für den Qualitäts- und

Kapitel 8

Ausbildungsstandards entwickelt wurden. Diese Standards sind gedacht als ein flexibles Regelwerk, das einer wissenschaftlichen Diskussion standzuhalten hat und durch ständigen Austausch zwischen Theorie und Praxis optimiert wird.

Solange es nur wenige nach diesen Standards ausgebildete professionelle Umweltmediatoren gibt, werden weiterhin andere Qualifikationsanforderungen an einen Mediator gestellt werden. Als wichtig erachtet werden dabei neben einer fundierten Allgemeinbildung und Kenntnissen des Aktionsfeldes, in dem die Mediation stattfindet, persönliche Reife, Vorurteilsfreiheit, Kommunikationsbereitschaft, Fairneß sowie soziale Kompetenz. Gefordert werden ferner eine vornehmlich psychosoziale oder kommunikationsorientierte Ausbildung, Berufserfahrung in der Beratung sowie die Fähigkeit, sowohl mit Einfühlungsvermögen als auch mit nüchterner Rationalität beobachten zu können.

9. Grenzen und Risiken der Umweltmediation

In Kapitel 4 wurde bereits ausführlich auf Ziele, Chancen und Möglichkeiten der Anwendung von Mediation im Umweltbereich eingegangen. Im folgenden sollen nun explizit Risiken, die sich insbesondere für Umweltgruppen durch ihre Teilnahme an einem Mediationsverfahren ergeben können, aufgezeigt sowie allgemeine Einwände gegen Umweltmediation und deren Grenzen herausgestellt werden.

Insbesondere Umweltakteure sehen in der Teilnahme an einem Mediationsverfahren neben den vorhandenen potentiellen Chancen in bezug auf ein erhöhtes Maß an Mitwissen, Mitreden und Mitgestalten hinsichtlich umweltrelevanter Vorhaben auch eine Reihe von Risiken auf sich zukommen.

So beschreibt TILS (1997:43), daß der öffentliche Druck zur Teilnahme an einem Mediationsverfahren generell als sehr groß zu beurteilen ist. Denn unter der weitläufig akzeptierten Annahme, daß Mediationsverfahren auf einer konstruktiven und kooperativen Verhandlungslösung basieren, fällt es schwer, die Teilnahme an einem als „Mediation" titulierten Verfahren zu verweigern. Dies kann nämlich leicht als generelle Ablehnung und Blockierung einer bereits im Vorfeld im allgemeinen als positiv bewerteten Art der Lösungsfindung interpretiert werden. Ob das entsprechende Mediationsverfahren allerdings tatsächlich den an dieses Verfahren gestellten hohen Ansprüchen gerecht wird, zeigt sich oftmals erst während seines Verlaufs oder im nachhinein. Erfolgt aber eine Teilnahme am Mediationsverfahren, so wird allein diese Tatsache als fast gleichbedeutend mit der Legitimation des Verfahrens angesehen.

Kapitel 9

Daher stelle sich bei einem späteren Aussteigen eines Beteiligten zumeist auch gar nicht erst die „Legitimitäts-Frage". Vielmehr deute das Verlassen des Verfahrens in erster Linie auf Fehler des entsprechenden Akteurs hin (vgl. dazu DÖBERT 1996:178ff). TILS (1997:44) hält es insbesondere aus diesem Grunde für elementar, die Frage nach der Teilnahme an einem Mediationsverfahren bereits im Vorfeld gründlich abzuwägen. Hierzu können seiner Ansicht nach Betrachtungen möglicher Kosten und Nutzen aus Sicht der beteiligten Partei(en) wertvoll sein. Diese Betrachtungen müssen dabei für jeden einzelnen Fall gesondert erhoben werden.

Neben dem Nutzen, der sich aus einer Teilnahme an einem Mediationsverfahren ergeben kann[21], gibt es eine Reihe von Nachteilen, die im Rahmen einer Kosten-Nutzen-Rechnung insbesondere aus Sicht der Umweltverbände und Bürgerinitiativen berücksichtigt werden müssen. Genannt werden (vgl. TILS 1997:46f):

➢ Die Teilnahme an einem Mediationsverfahren geht vielfach einher mit einem beschränkten Problemzugriff. So lassen sich z.B. grundsätzliche Fragestellungen und Standpunkte kaum bzw. gar nicht in ein Mediationsverfahren einbinden.

➢ Allein durch die Teilnahme am Mediationsverfahren wird von den Umweltverbänden und Bürgerinitiativen im Interesse eines gemeinsam getragenen Ergebnisses ein gewisses Maß an Entgegenkommen erwartet. Dies erschwert ein Festhalten an den vielfach von ihnen vertretenen Fundamentalpositionen. Damit verbunden ist für die Umweltakteure die Gefahr, eines ihrer wichtigsten Machtmittel zu verlieren: die Mobilisierung der Öffentlichkeit. Eine Mobilisierung dieser wird im Hinblick auf eventuelle Detaildiskussionen als wesentlich schwerer eingeschätzt,

---

[21] Vgl. dazu Kapitel 4. Ziele und Chancen der Umweltmediation.

Grenzen und Risiken der Umweltmediation

als wenn von den Umweltgruppen fundamentale Positionen vertreten werden würden.

➢ Es ist mit Rückkopplungsschwierigkeiten zu rechnen, die sich zwischen den Mediationsteilnehmern und den nicht direkt in das Verfahren involvierten Akteuren ergeben können, insbesondere dann, wenn es zu inhaltlichen Modifizierungen der eigenen Position kommt.

➢ Für Untergruppen von bundesweit agierenden Organisationen ist die Teilnahme insofern als problematisch anzusehen, da diese vielfach keinen Verhandlungsspielraum aufzuweisen haben und somit bereits im Vorfeld faktisch kooperationsunfähig sind. Dies ist z.B. immer dann der Fall, wenn von den Bundesorganisationen Fundamentalpositionen vertreten werden.

➢ Als erheblicher Nachteil eines Mediationsverfahrens wird aus Sicht der Umweltakteure auch der hohe Aufwand an finanziellen und personellen Ressourcen angeführt. Hier stoßen diese Gruppen recht schnell an ihre Kapazitätsgrenzen.

➢ Der Ressourcenmangel bedingt schließlich auch, daß eine inhaltliche und prozedurale Vorbereitung auf ein entsprechendes Verfahren vielfach in nicht ausreichendem Maße erfolgen kann und daß teilweise selbst eine regelmäßige Teilnahme in Frage gestellt ist. An dieser Stelle wird die Gefahr gesehen, „über den Tisch gezogen zu werden".

➢ Ein weiteres Risiko betrifft schließlich die Unsicherheit hinsichtlich der Implementation eines im Rahmen einer Mediation möglicherweise erreichten Ergebnisses, da ein solches Ergebnis juristisch nicht bindend ist. Dieses Problem betrifft aber nicht nur die Seite der Umweltakteure, sondern alle Konfliktparteien gleichermaßen.

Kapitel 9

Ähnlich wie TILS geht auch KASEK (1994:47) auf Schwierigkeiten des Mediationsverfahrens ein, die sich aufgrund eines beschränkten Problemzugriffs ergeben. Jedem Umweltmediationsverfahren liegt ein bestimmtes Problem zugrunde, welches die Problem- bzw. Aufgabenstellung des Verfahrens bestimmt. Es wird darauf aufmerksam gemacht, daß allein durch die Akzeptanz dieser Problemstellung und das Einsteigen in eine unter dieser Problemstellung stehende Diskussion verhindert wird, mögliche Optionen in Betracht zu ziehen, die scheinbar außerhalb der eigentlichen Problemstellung liegen. Dennoch könnten sich diese Optionen als eventuell bedeutsam herausstellen im Hinblick auf eine mögliche Konfliktlösung.

Ein wesentlicher Kritikpunkt, der gegenüber Umweltmediationsverfahren vorgebracht wird, ist inhaltlicher Natur. Es wird schließlich immer über Umweltqualität verhandelt. Dadurch wird Umwelt zu einem handelbaren Gut, das gewissermaßen „verhökert" werden kann (vgl. FIETKAU u. PFINGSTEN 1995:57).

Im Mediationsverfahren wird davon ausgegangen, daß insbesondere Kommunikationsprobleme für die Entstehung von Konflikten verantwortlich zu machen sind, und daß durch sachliche Kommunikation sich zumeist Lösungen finden lassen, die für alle Beteiligten einen Gewinn darstellen. In diesem Zusammenhang weist KASEK (1994:47f) darauf hin, daß jedoch auch Problemfälle existieren, bei denen es unmöglich erscheint, trotz sachlicher Kommunikation zu einer Situation zu gelangen, aus der alle Beteiligten einen Nutzen ziehen können. Als ein Beispiel führt er die Sondermüllsituation in Sachsen an. So erscheint es zwar möglich, daß fast alle Sachsen einen Nutzen (Produktions- und

Grenzen und Risiken der Umweltmediation

Einkommenssteigerung, Gewinn an Arbeitsplätzen, ...) aus dem Prozeß, der aus der dortigen Sondermüllsituation resultiert, ziehen, jedoch geht dieser Nutzen gleichzeitig auf jeden Fall zu Lasten der Gemeinde, auf dessen Boden der Sondermüll entsorgt wird. Als Folge sieht er daher im allgemeinen die Gefahr, daß trotz sachlicher Diskussion im Rahmen einer Mediation eine Lösung des Konflikts niemals erreicht werden kann. Dadurch kann jedoch schließlich das Maß an gegenseitiger Verbitterung noch zusätzlich steigen.

Mediationsverfahren werden generell als ungeeignetes Instrument zur Problemlösung betrachtet, wenn das Konfliktthema durch einen Wertekonflikt beherrscht wird, wie z.B. bei der Streitfrage, ob die Nutzung der Kernenergie zu verantworten sei. An dieser Stelle treffen fundamentale Positionen aufeinander, die keinen Kompromiß zulassen, sondern nach einer eindeutigen Ja- oder Nein-Lösung verlangen (vgl. TROJA 1998b:430). Werte werden als prinzipiell nicht verhandlungs- und kompromißfähig eingestuft (vgl. für viele FIETKAU u. WEIDNER 1998:24). Vor diesem Hintergrund sind der Umweltmediation somit Grenzen gesetzt.

Vielfach sind auch gesetzliche, politische oder planerische Vorgaben vorhanden, die das Erreichen einer „win-win"-Situation unmöglich machen (vgl. ZILLEßEN 1998a:31).

Verhandlungen im Rahmen eines Mediationsverfahrens werden ferner dort beschränkt, wo versucht wird, sich auf Kosten von unbeteiligten Dritten oder der Umwelt zu einigen (vgl. ZILLEßEN 1998a:34).

Mediation stößt immer dann an seine Grenzen, wenn im Verhandlungsprozeß aus praktischen oder technischen Gründen keine Paketlösungen oder gleichwertigen Kompensationen gefunden werden können (vgl. TROJA 1998b:430). Doch selbst wenn Lösungen zustande kommen, besteht weiterhin die Gefahr, daß diese aufgrund

Kapitel 9

der fehlenden rechtlichen Bindung durch Verordnungen, Gesetze und Regelungen wieder verworfen werden (vgl. KASEK 1994:49).

Es wird angeführt, daß der Erfolg, den eine Konfliktpartei für sich aus einem Mediationsverfahren ziehen kann, insbesondere auch davon abhängt, inwieweit sie sich auf die für ihre Interessen relevanten Gesetze und Vorschriften berufen kann. Viele (soziale) Interessen, die für einige der Konfliktparteien eine zentrale Bedeutung besitzen, sind jedoch kaum rechtsfähig. Daher werden vielfach andere Interessen und Argumente in den Vordergrund gerückt, um die eigentlichen (verborgenen) Interessen doch noch durchzusetzen. Es wird die Gefahr gesehen, daß durch ein zu hohes Maß an Ehrlichkeit hinsichtlich der wirklichen Beweggründe, die Möglichkeit vertan wird, vorhandenes Recht zur Wahrung eigener Interessen einzusetzen (vgl. KASEK 1994:48).

Weiterhin wird befürchtet, daß die Konfliktparteien dazu verleitet werden könnten, ihre Positionen deutlich zu überziehen, wenn für sie erkennbar wird, daß der Mediator von einer jeden Partei ein gewisses Maß an Entgegenkommen erwartet. Durch das Schaffen einer möglichst guten Ausgangsposition könnten die Parteien den Streit für sich zu „gewinnen" versuchen (vgl. BESEMER 1999:106).

Prinzipiell kann Mediation dazu mißbraucht werden, die gegnerische Seite möglichst gründlich zu erkunden im Hinblick auf eine bessere Durchsetzung der eigenen Interessen. Vor diesem Hintergrund geht es dann weniger um eine Lösung des eigentlichen Problems als vielmehr darum, eine bereits vorgegebene Lösung akzeptabel zu machen (vgl. KASEK 1994:49). Auch TROJA weist indirekt auf diese Gefahr hin. Demnach ist „[...] Mediation nicht primär zu diesem Zweck [Ansatz zur Verbesserung der Akzeptanz von

Verwaltungsentscheidungen; Anm. des Verfassers] entwickelt worden [...]" (TROJA 1998b:431). Damit schließt er jedoch nicht aus, daß dies sekundär durchaus der Fall gewesen sein mag.

Generell werden Mediationsverfahren nur dann als sinnvoll erachtet, wenn wichtige Inhalte der anstehenden Entscheidung noch verhandelbar sind (vgl. ZIEHER 1999:226).

Kritik wird auch geäußert im Hinblick auf die Auswahl und zahlenmäßige Beschränkung der Mediationsteilnehmer. So erweist sich bereits die Auswahl der Mediationsteilnehmer als ein schwerwiegendes Problem, zumal nicht eindeutig klar ist, woraus sich letztendlich die Legitimation für die Teilnahme an einem Mediationsverfahren herleitet (vgl. KASEK 1994:49).

Mediation als ein kommunikatives Verfahren verlangt nach einer überschaubaren Zahl an Teilnehmern. ZILLEßEN (1998b:34) beispielsweise geht von einer idealen Teilnehmerzahl von bis zu etwa 25 aus. Durch eine solche zahlenmäßige Beschränkung können nach Auffassung von RENN (1995:24) jedoch kaum die unterschiedlichen Interessen der Bevölkerung berücksichtigt werden. Mediationsverfahren, an denen jedoch nicht alle der in den Konflikt involvierten Parteien teilnehmen, müssen von ihrem Ergebnis her als nicht repräsentativ eingestuft werden (nach KASEK 1994:49).

Als problematisch erweisen sich auch vorhandene Machtunterschiede zwischen den Konfliktparteien. So wird das Erreichen eines Kräftegleichgewichts zwischen den Parteien in der Praxis als nur schwer zu realisieren eingestuft. Nach Ansicht von KASEK (1994:48) wird eine mächtige Konfliktpartei überhaupt dann erst Gesprächsbereitschaft signalisieren, wenn andere involvierte

Kapitel 9

Konfliktparteien wenigstens ein Mindestmaß an mobilisierbarer Gegenmacht aufzuweisen haben. Sollte dies nicht der Fall sein, so vermutet er aufgrund der Schwäche dieser Parteien eine fehlende Kompromißbereitschaft bei der mächtigen Partei, da sie ihre Interessen dann auch so voll durchzusetzen weiß.

Vor dem Hintergrund des Machtgefälles zwischen einzelnen Parteien können schließlich Gerechtigkeitsgefühl und Neutralität des Mediators auf eine harte Probe gestellt werden (vgl. STIMEC 1999:213). Die Wahrung der geforderten Neutralität des Mediators wird auch angezweifelt, wenn für den Mediator eine berechtigte Hoffnung auf lukrative Folgeaufträge besteht, insbesondere dann, wenn beteiligte Akteure über mögliche Folgeaufträge entscheiden oder ein Mitspracherecht bei der Verteilung entsprechender Ressourcen besitzen. Diese Gefahr wird als besonders groß eingeschätzt, wenn ein erhöhtes wirtschaftliches Interesse des Vermittlers vorliegen könnte. So z.B. bei Mediatoren, die einer Mediationsagentur angehören, welche selbst wirtschaftliche Interessen verfolgt (vgl. KASEK 1994:48f). In diesem Zusammenhang wird ferner befürchtet, daß entsprechende ökonomische Eigeninteressen von Mediatoren und Mediationsinstituten zu einer einseitig-positiven Berichterstattung über Mediationsverfahren führen könnten (vgl. FIETKAU u. WEIDNER 1998:24).

Weiterhin wird die fortschreitende Professionalisierung der Mediation zum Teil kritisch betrachtet. So weisen FIETKAU und WEIDNER (1998:56) darauf hin, daß durch eine Professionalisierung der Mediatorrolle sowie eine Normierung des Verfahrens zwar der Ermessensspielraum des Mediators eingeschränkt werden könne, jedoch erwarten sie auch die aus anderen Politikbereichen offensichtlich gewordenen Nachteile einer Professionalisierung und

Grenzen und Risiken der Umweltmediation

Kommerzialisierung von Aufgaben, die aus dem Staat ausgelagert werden (z.B. Bildung von „Fachbrüderschaften", „Partizipationseliten", „Zielverschiebung"). Auch wird mit einer „schleichenden Verrechtlichung" des Mediationsverfahrens gerechnet, wodurch Mediation als flexibles, zivilgesellschaftliches Instrument zur Konfliktlösung an Bedeutung verlieren bzw. gänzlich in Frage gestellt werden könnte.

Zusammenfassung

Aufgrund der im allgemeinen als positiv bewerteten Art der Lösungsfindung in Mediationsverfahren treten Fragen hinsichtlich der Legitimität eines solchen Verfahrens meist in den Hintergrund. Ein Verlassen der Mediation wird daher oft als Fehler des entsprechenden Akteurs interpretiert.

Umweltmediationsverfahren sind mit einer Reihe von Risiken behaftet, von denen in erhöhtem Maße vor allem ressourcenschwache Umweltverbände und Bürgerinitiativen betroffen sind. Als Risiken für diese Gruppen werden u.a. eine durch Ressourcenengpässe bedingte unzureichende inhaltliche und prozedurale Vorbereitung auf das Mediationsverfahren, eventuelle Rückkopplungsschwierigkeiten, ein vielfach eingeschränkter Verhandlungsspielraum, ein beschränkter Problemzugriff sowie ein möglicher Verlust der Öffentlichkeitsmobilisierung angeführt. Risiken verbleiben schließlich auch hinsichtlich der Implementierung eines eventuellen Ergebnisses.

Allein durch die Anwendung von Umweltmediationsverfahren verwandelt sich Umwelt in ein handelbares Gut, wodurch die Gefahr des „Ausverkaufs der Umwelt" besteht.

Kapitel 9

Umweltmediationsverfahren sind kein geeignetes Mittel zur Lösung von Wertekonflikten und solchen Konflikten, bei denen es prinzipiell keine konsensuale Lösung geben kann, sowie für Probleme, die aus praktischen oder technische Gründen keine Lösungen zulassen.

Der verhandlungsorientierte Ansatz der Mediation könnte Konfliktparteien dazu verleiten, durch ein Überziehen von Positionen eine möglichst gute Ausgangsposition zu erlangen, um den Streit für sich zu „gewinnen".

Zusätzlich besteht die Gefahr, daß Mediation als Mittel zur Akzeptanzbeschaffung mißbraucht werden könnte.

Einwände lassen sich auch gegen einzelne methodische Aspekte des Mediationsverfahrens erheben. So erweist sich die Auswahl der Teilnehmer als ein schwerwiegendes Problem, da keine eindeutigen Kriterien hinsichtlich der Legitimation für eine Teilnahme am Verfahren existieren. Weiterhin können durch die Beschränkung der Teilnehmerzahl niemals alle unterschiedlichen Interessen der Bevölkerung repräsentiert werden.

Auch die Wahrung der geforderten Neutralität des Mediators muß vor dem Hintergrund möglicher wirtschaftlicher Eigeninteressen sowie vorhandener Machtunterschiede zwischen den Konfliktparteien kritisch betrachtet werden. Ökonomische Interessen von Mediatoren und Mediationsinstituten könnten ferner zu einer einseitig-positiven Berichterstattung über Mediationsverfahren führen.

Des weiteren wird befürchtet, daß durch zunehmende Professionalisierung Mediation ihre Bedeutung als flexibles, zivilgesellschaftliches Instrument einbüßen könnte.

10. Internationaler Überblick über den Stand der Umweltmediation

Um einen Überblick über den momentanen Stand der Umweltmediation im internationalen Vergleich zu erlangen, ist es notwendig, zunächst diejenigen Länder zu identifizieren, in denen Umweltmediation von besonderer Bedeutung ist.

Es zeigt sich, daß die USA, Kanada und Japan die Länder sind, die die längsten Erfahrungen mit Umweltmediation aufweisen und die größten Praxiserfahrungen besitzen (vgl. FIETKAU u. WEIDNER 1998:93). Daher sollen diese auch gesondert betrachtet werden. Im internationalen Vergleich rangiert Deutschland hinsichtlich der Anwendung von Umweltmediationsverfahren hinter diesen drei Ländern auf Platz vier (vgl. FIETKAU u. WEIDNER 1998:200). Umweltmediationsverfahren wurden mittlerweile auch in vielen weiteren Ländern erprobt.

10.1. USA

Die USA sind das Land, welches hinsichtlich der Zahl, der Professionalisierung sowie der Institutionalisierung und der Technik von Mediationsverfahren im Umweltbereich eine führende Stellung einnimmt. Daher werden die USA gerne als Referenzland für Theorie und Praxis der Umweltmediation herangezogen (vgl. FIETKAU u. WEIDNER 1998:93).

Umweltmediationsverfahren haben in den USA seit den 70er Jahren des 20. Jahrhunderts stark zugenommen und gehören mittlerweile zu den vertrauten Instrumenten in der Umweltpolitik. Seit

Kapitel 10

den 80er Jahren wurden von verschiedenen US-Staaten Regelungen für den Einsatz von Mediationsverfahren im Umweltbereich erlassen. Diese Regelungen bestimmen die Fälle, für welche Mediationsverfahren als Möglichkeit zur Konfliktlösung erachtet bzw. sogar vorgeschrieben werden (vgl. FIETKAU u. WEIDNER 1998:125).

Parallel zur Zunahme an Mediationsverfahren verlief die Professionalisierung der Mediatorentätigkeit. Mittlerweile sind in fast allen Staaten der USA private, halbstaatliche oder staatliche Mediationsinstitute und -büros entstanden. Hier erfolgt die Ausbildung von Mediatoren sowie die Durchführung von Mediationsseminaren. Ferner stellen diese Institute und Büros ihre fachlichen Dienste zur Verfügung (vgl. WEIDNER 1995:38).

Es gibt in den USA Einrichtungen wie z.B. das „National Institute for Dispute Resolution" (NIDR), die den Informationsaustausch zum Thema „Alternative Konfliktregelung" fördern sowie Unterstützung bei der Anwendung entsprechender Verfahren anbieten. Weiter existieren Verbände wie die „Society of Professionals in Dispute Resolution" (SPIDR), die vornehmlich die Interessen der Konfliktmanager und Mediatoren vertreten (vgl. ZILLEßEN 1996:6f).

Die Gesamtzahl der Mediationsverfahren im Bereich der Umweltpolitik ist in den USA im Vergleich zu dortigen herkömmlichen Konfliktlösungsmodellen jedoch immer noch verhältnismäßig gering. Und auch die Erfolgsquoten werden in einigen Bereichen (z.B. im abfallpolitischen Bereich) als niedrig eingestuft. Mehrheitlich wird jedoch die Meinung vertreten, daß selbst im besonders konfliktträchtigen Bereich der Abfallpolitik alternative Konfliktregelungsverfahren — und damit auch Mediationsverfahren — eine im Vergleich zu herkömmlichen Konfliktlösungsmodellen langfristig bessere Problemlösung erlauben (vgl. FIETKAU u. WEIDNER 1998:130).

10.2. Kanada

In Kanada läßt sich seit den 80er Jahren des 20. Jahrhunderts ein deutlicher Aufschwung im Bereich der Umweltmediation feststellen. Die Institutionalisierung und Professionalisierung in diesem Bereich sind mittlerweile weit fortgeschritten (vgl. WEIDNER 1999a:142). Hinsichtlich der Verrechtlichung von Umweltmediationsverfahren wird in Kanada ein sehr vorsichtiger und überlegter Weg beschritten. Einzigartig ist die breit angelegte empirische Prüfung bisheriger Mediationserfahrungen sowie eine kooperartiv-konsensuale Debatte darüber, bevor es zur Verwirklichung rechtlich-institutioneller Maßnahmen kommt (vgl. WEIDNER 1999a:147). Das Prüfverfahren wird zum einen durch den Stand der theoretischen und methodischen Diskussion über Umweltmediation in den USA und Kanada bestimmt, zum anderen durch umfangreiche empirische Erhebungen und Fallstudien, deren Ergebnisse mit verschiedenen Gruppen aus Wissenschaft, Politik, Gesellschaft und Verwaltung diskutiert werden. Ergebnis der Prüfung war schließlich die Entwicklung allgemeiner Prinzipien („Ten Guiding Principles") zur Beachtung bei der Durchführung von Mediationsverfahren (vgl. FIETKAU u. WEIDNER 1998:148).

10.3. Japan

Umweltmediation in Japan beruht auf weit zurückreichenden traditionellen Ansätzen. Es gibt in Japan keine speziell ausgebildeten Umweltmediatoren, und auch Verfahrenstechniken, die denen in den USA, Kanada oder Deutschland vergleichbar wären, lassen sich nicht erkennen (vgl. WEIDNER 1999a:149).

In Japan erfolgt — anders als in den USA, Kanada oder Deutschland — die Auswahl von Mediatoren weniger nach Gesichtspunkten der Neutralität als vielmehr auf Basis der sozialen Stellung, die diese Person inne hat. Unter anderem aufgrund dieser Tatsache betrachten insbesondere viele Bürgergruppen ein durch eine solche Person geleitetes Konfliktregelungsverfahren mit großer Skepsis, da sie vielfach ihre Chancengleichheit nicht gewährleistet sehen (vgl. WEIDNER 1999a:149). Weiterhin sind die Partizipationsmöglichkeiten von Umweltgruppen im Hinblick auf Entscheidungen im Umweltbereich insgesamt noch relativ gering, da entsprechende Interventionsmöglichkeiten im Rahmen der japanischen Umweltgesetze kaum vorhanden sind (vgl. FIETKAU u. WEIDNER 1998:163).

10.4. Weitere Staaten

Mediationsverfahren im Umweltbereich wurden in weiteren Ländern eingesetzt und erprobt, insbesondere in Australien, Neuseeland, Großbritannien, der Schweiz, Polen und Ungarn (vgl. ZILLEßEN 1998b:47), aber auch in Österreich (vgl. ZIEHER 1999:224ff), Italien (vgl. FIETKAU u. WEIDNER 1998:198) und den Niederlanden (vgl. HANF u. KOPPEN 1994:1ff).

Internationaler Überblick über den Stand der Umweltmediation

In einigen westeuropäischen Ländern konnte sich Mediation im Umweltbereich bislang jedoch nicht etablieren (z.B. Niederlande (vgl. WEIDNER 1999a:155f)) bzw. kamen gar nicht erst zum Einsatz (z.B. Dänemark und Schweden (vgl. WEIDNER 1999a:156)). Dies wird darauf zurückgeführt, daß diese Länder eine stark kooperative Verwaltungskultur aufweisen und es ihnen gelungen ist, das bestehende Umweltpolitikinstrumentarium so zu modernisieren, daß es ihnen möglich wurde, auch größere Umweltkonflikte effektiv zu regeln (vgl. WEIDNER 1999a:160).

FIETKAU u. WEIDNER (1998:93f) schätzen die Chancen zur Etablierung verhandlungsbasierter Konfliktregelungsverfahren als prinzipiell günstig ein für Länder, die eine ausgeprägte partizipative bzw. korporatistische politische Kultur aufweisen; weniger günstig dagegen für Länder, in denen Gruppen, die Umweltinteressen vertreten, nur einen sehr geringen Zugang zu relevanten Entscheidungsprozessen haben.

Zusammenfassung

Theoretische und praktische Erfahrungen mit Umweltmediation lassen sich in mehreren Ländern nachweisen. Je nach Land sind dabei deutlich unterschiedliche Erfahrungshorizonte erkennbar, und auch die Vorgehensweise bei der Anwendung und Erprobung von Umweltmediationsverfahren variiert stark. Die längsten Erfahrungen mit Umweltmediationsverfahren weisen die USA, Kanada und Japan auf. Deutschland rangiert hinsichtlich der Anwendung entsprechender Verfahren im internationalen Vergleich auf Platz vier.

Kapitel 10

Ländern, die eine stark kooperative Verwaltungsstruktur aufweisen wie die Niederlande, Dänemark oder Schweden, scheint es gelungen zu sein, durch eine entsprechende Modernisierung ihrer vorhandenen umweltpolitischen Instrumente, Umweltkonflikte effektiv zu lösen. Mediation im Umweltbereich konnte sich in diesen Ländern nicht etablieren.

11. Evaluation von Umweltmediationsverfahren

Eine systematische Evaluation von Umweltmediationsverfahren hat bislang — selbst im englischsprachigen Raum — noch nicht stattgefunden (vgl. HOLZINGER 1997:1). Vielfach diskutiert wurden jedoch einzelne Kriterien wie z.b. das Erreichen von für alle Seiten zufriedenstellenden Übereinkünften (vgl. SUSSKIND u. CRUIKSHANK 1987:178f), anhand derer der Erfolg einer Mediation sichtbar gemacht werden soll. Auch gibt es vereinzelt Fälle, bei denen zur Beurteilung des Mediationsverfahrens zusätzliche Kriterien wie z.b. Fairneß oder die Wahrscheinlichkeit einer Kostenreduzierung im Vergleich zu einer gerichtlichen Lösung des Konflikts mit einbezogen wurden. Bislang gab es jedoch noch keine Versuche, diese verschiedenartigen, in der Literatur vorgeschlagenen Erfolgskriterien auf einzelne Mediationsverfahren *systematisch* anzuwenden (vgl. HOLZINGER 1997:1).

Ferner wurde auch versucht, den Erfolg eines Mediationsverfahrens durch Entwicklung berechenbarer Erfolgsraten zu bestimmen (wie bei BINGHAM 1986:72ff). Diese von BINGHAM entwickelten, relativ undifferenzierten Erfolgsraten basieren dabei auf den Fragen danach, ob 1) eine Übereinkunft erzielt werden konnte und ob 2) das Ergebnis tatsächlich implementiert wurde.

Wie läßt sich nun der Erfolg oder Mißerfolg eines Mediationsverfahrens möglichst „objektiv" beurteilen?

Bislang existiert auf diese Frage noch keine umfassende und zufriedenstellende Antwort. So erweist es sich zunächst als problematisch, daß die Auswahl der Erfolgskriterien, die zur

Kapitel 11

Beurteilung eines Mediationsverfahrens herangezogen werden, von demjenigen abhängt, der diese Kriterien anlegt. So werden z.B. die unterschiedlichen Teilnehmer eines Verfahrens ganz andere Kriterien als wichtig erachten und zur Beurteilung eines Verfahrens heranziehen als außenstehende Beobachter, Politiker, Juristen oder Sozialwissenschaftler. Ähnlich verhält es sich mit den Auffassungen hinsichtlich der Zielvorstellungen, an denen sich Mediation orientiert. Auch hier werden verschiedene Evaluatoren der Verwirklichung unterschiedlicher Zielvorstellungen jeweils eine ganz unterschiedlich starke Bedeutung im Hinblick auf die Beurteilung eines Mediationsverfahrens beimessen (vgl. HOLZINGER 1997:1f).

Zusammenfassung

Mediationsverfahren im Umweltbereich wurden bislang noch nicht systematisch evaluiert. Allerdings gab es Versuche, den Erfolg von Mediation anhand relativ undifferenzierter Erfolgsraten zu beurteilen. Des weiteren wurden potentielle Erfolgskriterien diskutiert. Die Auswahl geeignet erscheinender Kriterien erweist sich jedoch als problematisch, da die Wichtigkeit dieser Kriterien im Hinblick auf eine Beurteilung des Verfahrens von demjenigen abhängt, der diese Kriterien anlegt. Als ähnlich problematisch stellt sich auch eine Beurteilung anhand der Verwirklichung von Zielvorstellungen, an denen sich Mediation orientiert, dar. Auch hier hängt der Bewertungsmaßstab stark von der Auffassung des jeweiligen Evaluators ab.

12. Zusammenfassende Diskussion und Ausblick

In diesem letzten Kapitel sollen die bisherigen Ausführungen zur Umweltmediation noch einmal als Ganzes rückblickend betrachtet und diskutiert werden. Dabei wird explizit auf „Mediation" als Konfliktmanagementmodell und ihre Bedeutung im Hinblick auf Umweltstreitigkeiten eingegangen. Des weiteren umfaßt dieses letzte Kapitel auch einen kurzen Ausblick hinsichtlich der möglichen Entwicklung von Umweltmediation.

Mediation ist ein mögliches Verfahren zur Konfliktbehandlung durch eine dritte Partei. Wesentliche Charakteristika sind zunächst die Existenz eines Konflikts, die Anwesenheit von zwischen den Konfliktparteien vermittelnden, allparteilichen Mediatoren sowie eine von den Konfliktparteien selbstbestimmte und eigenverantwortete Entscheidungsbefugnis zur Konfliktregelung. Mediationsverfahren verlaufen strukturiert und prozeßhaft. Dabei erfolgt eine Orientierung an gewissen Grundprinzipien wie Freiwilligkeit, Informiertheit und Offenheit der Beteiligten, aber auch Vertraulichkeit der Mediationsinhalte, konstruktiver Kooperation, klarer Kommunikation und Gewaltfreiheit. Eine zentrale Rolle in der Mediation nimmt der Mediator ein. Er ist verantwortlich für Gestaltung und Strukturierung von Kommunikationsprozessen unter den Verfahrensbeteiligten im Hinblick auf eine konstruktive Kommunikation (vgl. Kapitel 2).

Speziell als Umweltmediation befaßt sich Mediation in ihrem Kern grundsätzlich mit umweltrelevanten Vorhaben (vgl. Kapitel 2). Die Vorbereitung, Durchführung und Nachbereitung eines Umweltmediationsverfahrens erfolgt in mehreren aufeinanderfolgenden Schritten (vgl. Kapitel 6).

Kapitel 12

Umweltmediation orientiert sich hauptsächlich an zwei, sich gegenseitig ergänzenden Ansätzen, dem sogenannten Harvard-Konzept und dem Transformationsansatz (vgl. Kapitel 5).

In Deutschland werden Umweltkonflikte meist im Vorfeld oder parallel zu Verwaltungsverfahren ausgetragen. Diese traditionelle und herkömmliche Vorgehensweise zur Bearbeitung entsprechender Konflikte läßt jedoch Mängel erkennen. Als ein Mittel zur Verringerung entsprechender Probleme wird von vielen die Einbeziehung von Mediation als Ergänzung zu herkömmlichen Planungs- und Zulassungsverfahren im Umweltbereich betrachtet (vgl. Kapitel 3). Neben einer verstärkten Diskussion über die Anwendung von Umweltmediation werden entsprechende Verfahren auch hier in Deutschland zunehmend eingesetzt und erprobt.

Die Bandbreite der Berichterstattung über vollzogene oder noch laufende Verfahren erweckt dabei den Eindruck, daß die positiven Aspekte der Mediation die negativen bei weitem übertreffen. Auch wenn mögliche Schwierigkeiten, Risiken und Grenzen von Umweltmediationsverfahren nicht gänzlich verschwiegen werden, so werden doch vor allem die Chancen und Möglichkeiten dieser alternativen Form der Konfliktregelung ausführlich dargestellt. Aufgrund dieser zwar nicht einseitig-positiven, jedoch in der Mehrzahl wohlwollenden Berichterstattung in bezug auf Mediation, fällt es nicht leicht, sich ein ausgewogenes Bild hinsichtlich der Möglichkeiten und Grenzen der Umweltmediation zu machen. Betrachtet man die zum Thema „Umweltmediation" bislang veröffentlichte Literatur genauer, dann erscheint es nicht sehr verwunderlich, daß die Berichterstattung — insbesondere hier in Deutschland — mehrheitlich pro Umweltmediation ausfällt. Viele der Autoren sind bekennende Befürworter des Mediationsgedankens und zum Teil sogar selbst als

Zusammenfassende Diskussion und Ausblick

Mediatoren tätig. Berichte von Autoren, die dem Mediationsgedanken eher skeptisch gegenüberstehen, sind dagegen kaum zu finden. Dies könnte u.a. daran liegen, daß diese Personen aufgrund fehlender Organisiertheit sowie unzureichender finanzieller Ressourcen nur verhältnismäßig wenige Möglichkeiten haben, sich literarisch Gehör zu verschaffen. Fachzeitschriften, die überhaupt erst aus dem Vorhandensein und dem momentanen Boom, den alternative Konfliktlösungsmöglichkeiten zur Zeit erleben, ihre eigene Existenzgrundlage ziehen, dürften allzu vehementen Kritikern wohl kaum als Forum zur Verfügung stehen. Ähnlich geringe Präsentationsmöglichkeiten dürften sich Mediationskritikern auch in den zahlreichen Veröffentlichungen des Fördervereins Umweltmediation e.V., dessen Ziel die Implementierung der Umweltmediation in Deutschland ist, sowie in Sammelbänden von Mitgliedern oder Förderern des Vereins, bieten.

Es wird davon ausgegangen, daß die Anwendung von Umweltmediation gute Chancen und Möglichkeiten bietet, zu einer insgesamt verbesserten Lösungsfindung bei Konflikten im Umweltbereich zu gelangen, so daß alle der involvierten Parteien von einer entsprechenden Konfliktregelung profitieren (vgl. Kapitel 4).

Prinzipiell besteht sicherlich die Chance, durch die Anwendung von Mediation zu einer im Vergleich zu herkömmlichen Verfahren insgesamt „besseren" Regelung von Konflikten im Umweltbereich zu gelangen. Doch steht und fällt der „Erfolg" einer solchen alternativen Konfliktregelung letztendlich zu einem ganz erheblichen Teil mit der Bereitschaft sämtlicher Konfliktparteien, sich voll und ganz mit der Mediationsidee zu identifizieren und sich dementsprechend zu verhalten.

Kapitel 12

Mediation muß grundsätzlich immer dann in Frage gestellt werden, wenn sich wichtige Parteien einem Mediationsverfahren entziehen bzw. an diesem aus bestimmten Gründen nicht teilnehmen. Was und wem nutzt in einem solchen Fall das „schönste konsensual getroffene Mediationsergebnis", wenn wichtige Akteure der Mediation ferngeblieben sind und sich nicht an der Lösungsfindung des Konflikts beteiligt haben? So kann es dann gut sein, daß ein Mediationsverfahren aufgrund einer von allen Mediationsteilnehmern konsensual getroffenen und getragenen Vereinbarung zwar zunächst als überaus „erfolgreich" beurteilt wird, der eigentliche Konflikt jedoch womöglich weiter zwischen anderen Konfliktparteien, die zum Teil nicht an der Mediation beteiligt waren, bestehen bleibt. Hier stellt sich letztendlich die Frage, ob Mediation in einem solchen Fall überhaupt einen Sinn macht, wenn nicht alle (wichtigen) Betroffenengruppen zu einer Teilnahme am Verfahren bewegt werden können.

Damit sind bereits auch methodische Probleme des Mediationsverfahrens angesprochen. Die Auswahl der Mediationsteilnehmer erfolgt generell auf der Grundlage von *nicht eindeutigen* Kriterien. Offen bleibt damit, worin genau sich dann letztendlich die Legitimation für die Teilnahme an einem Mediationsverfahren begründet. Ein weiteres methodisches Problem betrifft die Beschränkung der Teilnehmerzahl, da durch eine solche Beschränkung niemals alle unterschiedlichen Interessen der Bevölkerung repräsentiert sein können.

Überhaupt bergen Umweltmediationsverfahren eine Vielzahl von Risiken und Gefahren in sich, von denen in erhöhtem Maße vor allem ressourcenschwache Umweltverbände und Bürgerinitiativen betroffen sind. Entsprechende Risiken wären:

Zusammenfassende Diskussion und Ausblick

- Eine durch Ressourcenengpässe bedingte unzureichende inhaltliche und prozedurale Vorbereitung auf das Mediationsverfahren
- Rückkopplungsschwierigkeiten
- Ein vielfach eingeschränkter Verhandlungsspielraum
- Ein beschränkter Problemzugriff
- Der mögliche Verlust der Öffentlichkeitsmobilisierung
- Unsicherheiten hinsichtlich der Implementierung eines eventuellen Ergebnisses

Allein durch die Tatsache, daß Umwelt zu einem handelbaren Gut wird, eröffnet sich die Gefahr des „Ausverkaufs der Umwelt".

Umweltkonflikte sind vielfach Wertekonflikte, die keinen Platz für Verhandlungen lassen. Mediation ist damit kein geeignetes Mittel zur Lösung von Wertekonflikten und solchen, bei denen es prinzipiell keine konsensuale Lösung geben kann, sowie für Probleme, die aus praktischen oder technische Gründen keine Lösungen zulassen.

Umweltmediation stellt eine neue Kooperationsform dar, durch die der Bürger stärker in den umweltpolitischen Entscheidungsprozeß einbezogen werden soll (vgl. Kapitel 1). Gefahren sind jedoch auch damit verbunden. So könnte Mediation durch unsachgemäße Anwendung als Mittel zur Akzeptanzbeschaffung mißbraucht werden, denn insbesondere Politik und Verwaltung könnten deutliche Vorteile aus der verstärkten Anwendung von Mediation ziehen. Verwaltungsentscheidungen, die erst im Anschluß an ein Mediationsverfahren getroffen werden, dürften bezüglich des Ermessensspielraums als sorgfältig und damit hieb- und stichfest betrachtet werden. Dadurch würde die Gefahr langwieriger Gerichtsverfahren relativ gering (vgl. MÜLLER 1994:8f).

Kapitel 12

Weitere Gefahren bestehen darin, daß Konfliktparteien durch den verhandlungsorientierten Ansatz der Mediation unter Umständen dazu verleiten werden könnten, sich durch das Überziehen von Positionen eine möglichst gute Ausgangsposition zu schaffen, um so den Streit für sich zu „gewinnen".

Dennoch wird die Art der Lösungsfindung in Mediationsverfahren gemeinhin als positiv bewertet. Fragen hinsichtlich der Legitimität eines solchen Verfahrens treten dadurch vielfach wie selbstverständlich in den Hintergrund. Nichtsdestoweniger ist die Legitimitäts-Frage im allgemeinen und auch von Fall zu Fall neu zu beantworten.

Weiterhin erscheint es notwendig, die Rolle des Mediators genauer zu hinterfragen. So muß die Wahrung der geforderten Neutralität des Mediators vor dem Hintergrund möglicher wirtschaftlicher Eigeninteressen sowie vorhandener Machtungleichgewichte zwischen den Konfliktparteien kritisch betrachtet werden (vgl. Kapitel 9).

Der Bereich der Umweltmediation ist der zweite Teilbereich der Mediation in Deutschland, für den Qualitäts- und Ausbildungsstandards entwickelt wurden.

Solange es nur wenige nach diesen Standards ausgebildete professionelle Umweltmediatoren gibt, werden weiterhin andere Qualifikationsanforderungen an einen Umweltmediator gestellt werden. Als wichtig werden eine fundierte Allgemeinbildung, Kenntnisse des Aktionsfeldes der Mediation, eine ausgeprägte Kommunikationsbereitschaft sowie einige nur äußerst schwer zu beurteilende Kriterien wie persönliche Reife, Vorurteilsfreiheit, Fairneß und soziale Kompetenz erachtet. Als zusätzlich bedeutsam angesehen

Zusammenfassende Diskussion und Ausblick

werden außerdem eine vornehmlich psychosoziale oder kommunikationsorientierte Ausbildung, Berufserfahrung in der Beratung sowie die Fähigkeit, sowohl mit Einfühlungsvermögen als auch mit nüchterner Rationalität beobachten zu können (vgl. Kapitel 8).

Die Institutionalisierung und Professionalisierung der Mediation, insbesondere der Umweltmediation, werden in Deutschland zur Zeit stark vorangetrieben. Gleichzeitig wird befürchtet, daß dadurch Mediation ihre Bedeutung als flexibles, zivilgesellschaftliches Instrument einbüßen könnte (vgl. Kapitel 9).

Konflikte im Umweltbereich stellen sich gewöhnlich als sehr komplex dar. Daher können in diesem Bereich angesiedelte Mediationsverfahren zumeist auch aus der Perspektive ganz unterschiedlicher Fachdisziplinen betrachtet werden. Zu nennen wären z.B. die juristische (HEHN 1999c:226f), die verwaltungswissenschaftliche (KOSTKA 1999b:228ff), die politikwissenschaftliche (WEIDNER 1999b:230ff), die planerische (VOSSEBÜRGER 1999:232f), die geographische (SIEMON 1999:233f), die volkswirtschaftliche (FUCHS 1999:234ff), die betriebswirtschaftliche (RUNKEL 1999:237ff), die pädagogische (GÜNTHER 1999b:239ff) und die psychologische Sicht (FIETKAU 1999:241f). Durch eine entsprechende mehrdimensionale Herangehensweise läßt sich Mediation als soziales Verknüpfungselement zwischen den verschiedenen Fachdisziplinen betrachten. Als solches wäre sie dann selbst wieder in das Feld der sozialen Interventionen eingegliedert. Diese Eingliederung steht bislang jedoch zum größten Teil noch aus. Daher erscheint es nützlich und notwendig, in Forschungen zu intensivieren im Hinblick auf Übereinstimmung zwischen Theorie und Praxis der Mediation,

Kapitel 12

qualitative und quantitative Ergebnisse sowie Langzeitwirkungen von Mediationsvereinbarungen, aber auch im Hinblick auf kulturelle Voraussetzungen sowie Ergänzungen in bezug auf andere Funktionen und Berufe (vgl. STIMEC 1999:218f). Erst die Ergebnisse solcher intensiven Forschungsarbeiten lassen die theoretischen und praktischen Grenzen der (Umwelt-)Mediation deutlicher erkennbar werden.

Somit muß auch eine abschließende Beurteilung hinsichtlich des Erfolgs und damit auch des Nutzens von Umweltmediationsverfahren zunächst noch ausbleiben, zumindest solange, wie Umweltmediationsverfahren noch keiner systematischen Evaluation unterzogen wurden (vgl. Kapitel 11). Bis dahin lassen sich die meisten der bislang durchgeführten Verfahren entweder sowohl als Erfolg oder aber auch als Mißerfolg darstellen, je nachdem, wer welche Erfolgskriterien anlegt. Die Evaluationsforschung ist aufgefordert, ihren Beitrag zur Klärung der Frage nach dem Erfolg von Mediationsverfahren noch zu leisten.

Welche zukünftigen Perspektiven bieten sich nun der Umweltmediation?

Durch eine verstärkte Kenntnisnahme und Einbeziehung von Mediation insbesondere im Bereich der deutschen Rechtswissenschaft bieten sich der Mediation sicherlich ausgezeichnete zukünftige Etablierungs- und Entwicklungschancen. Allerdings würde eine zunehmende Verrechtlichung aber auch bedeuten, daß Mediation einen nicht unerheblichen Teil ihres informellen Charakters abgäbe. Dies dürfte dann zu einer insgesamt veränderten Auffassung von Mediation führen.

Zusammenfassende Diskussion und Ausblick

Mediation, speziell Umweltmediation, bietet die Möglichkeit, zu einer Modernisierung des Staates beizutragen, da sich für den Bürger durch die Anwendung von Mediation erweiterte Kooperations- und Partizipationsmöglichkeiten eröffnen können.

Mediation kann einen Beitrag in Richtung Zukunftsfähigkeit des Staates leisten. Denn die Zukunftsfähigkeit von Verwaltungsentscheidungen kann nicht im Dauerdissens erreicht werden. Somit gehören die Suche und Entwicklung nach Konsenschancen zu den ständigen Aufgaben von Behörden und Unternehmen bei der Planung umweltbedeutsamer Vorhaben (vgl. WIEDEMANN u. CLAUS 1994:235).

In Deutschland dürften Umweltmediationsverfahren trotz ihrer steigenden Zahl und Bedeutung in näherer Zukunft dennoch nur eine verhältnismäßig seltene Ausnahme bleiben. Denn über 90% aller Vorhabengenehmigungen, die vom UGB-KomE[22] erfaßt werden, betreffen Änderungen bestehender Anlagen, bei denen der Interessenausgleich zwar gilt, aber eine Mediation wegen geringer Umweltrelevanz oder wegen des für Änderungen vorgesehenen vereinfachten Verfahrens nicht durchgeführt werden wird. Und bei der Genehmigung neuer Vorhaben *können* lediglich einzelne Verfahrensabschnitte nach behördlichem Ermessen übertragen werden. Vor dem Hintergrund des gegenwärtigen Wettlaufs um verkürzte Genehmigungszeiten und Arbeitsplätze erscheint dies jedoch eher unwahrscheinlich (vgl. dazu SCHRADER 1999:160).

---

[22] Vgl. Kapitel 3.3. Einbindung der Mediation in das Verwaltungsverfahren.

Kapitel 12

Wie wertvoll Mediation im Umweltbereich insbesondere aus ganzheitlicher Sicht sowie aus Sicht einzelner Fachdisziplinen tatsächlich ist bzw. noch werden kann, wird letztendlich die Zukunft zeigen.

Literatur

Apel, Heino u. Günther, Beate (1999): Mediation und Zukunftswerkstatt: Prozeßwerkzeuge für die lokale Agenda 21. – Frankfurt a. M.: Deutsches Institut für Erwachsenenbildung.

Baugesetzbuch (1999): [(BauGB); in der Fassung der Bekanntmachung vom 27. August 1997]. – München: Beck.

Beck, Ulrich (1989): Risikogesellschaft. Überlebensfragen, Sozialstruktur und ökologische Aufklärung. In: Aus Politik und Zeitgeschichte, B 36/89, S. 3-13.

Besemer, Christoph (1999): Mediation – Vermittlung in Konflikten – Baden: Werkstatt für Gewaltfreie Aktion.

Bingham, Gail (1986): Resolving Environmental Disputes – A Decade of Experience. – Washington, D. C.: The Conservation Foundation.

Breidenbach, Stephan (1995): Mediation. Struktur, Chancen und Risiken von Vermittlung im Konflikt. – Köln: Verlag Dr. Otto Schmidt.

Bundesarbeitsgemeinschaft für Familienmediation (1995): Richtlinien für Mediation in Familienkonflikten. In: Krabbe, Heiner (Hrsg.): Scheidung ohne Richter – Neue Lösungen für Trennungskonflikte. – Reinbek: Rowohlt Taschenbuch Verlag, S. 281-285.

Bundesministerium für Umwelt, Naturschutz und Reaktorsicherheit (Hrsg.) (1998): Umweltgesetzbuch: (UGB-KomE). Entwurf der Unabhängigen Sachverständigenkommission zum Umweltgesetzbuch beim Bundesministerium für Umwelt, Naturschutz und Reaktorsicherheit. – Berlin: Duncker und Humblot.

Döbert, Rainer (1996): Verhandeln – Entscheiden – Argumentieren in welchem Kontext? Einige Notizen zu T. Saretzkis „verhandelten Diskursen" In: Prittwitz, Volker von (Hrsg.): Verhandeln und Argumentieren. Dialog, Interessen und Macht in der Umweltpolitik. – Opladen: Leske + Budrich, S. 169-181.

Literatur

Duden, Der (1986): Rechtschreibung der deutschen Sprache und der Fremdwörter. Band 1. 19., neu bearb. u. erw. Aufl.. – Mannheim Wien Zürich: Dudenverlag.

Feil, Erich (1994): Umweltverträglichkeitsprüfungsgesetz und Umweltsenatgesetz: UVP-G und USG samt einschlägigen Bestimmungen und EU-Richtlinien. (SWK-Gesetzestexte) – Wien: Linde.

Fietkau, Hans-Joachim (1994): Leitfaden Umweltmediation. Hinweise für Verfahrensbeteiligte und Mediatoren. (Schriften zu Mediationsverfahren im Umweltschutz Nr. 8) – Berlin: WZB Discussion Paper FS II 94-323.

Fietkau, Hans-Joachim (1999): Umweltmediation – Die psychologische Sicht. In: Förderverein Umweltmediation e. V. (Hrsg.): Studienbrief Umweltmediation. Eine interdisziplinäre Einführung. – Bonn: Förderverein Umweltmediation, S. 241-242.

Fietkau, Hans-Joachim u. Pfingsten, Karin (1995): Umweltmediation: Verfahrenseffekte und Urteilsperspektiven. In: Archiv für Kommunalwissenschaften 34. Jg. Bd. I, S. 55–70.

Fietkau, Hans-Joachim u. Weidner, Helmut (1998): Umweltverhandeln. Konzepte, Praxis und Analysen alternativer Konfliktregelungsverfahren – ein erweiterter Projektbericht. – Berlin: Edition Sigma.

Fisher, Roger u. Brown, Scott (1989): Gute Beziehungen: Die Kunst der Konfliktvermeidung, Konfliktlösung und Kooperation. – Frankfurt a. M. New York: Campus Verlag.

Fisher, Roger, Ury, William u. Patton, Bruce M. (1998): Das Harvard-Konzept: Sachgerecht verhandeln – erfolgreich verhandeln. 17. Aufl.. – Frankfurt a. M. New York: Campus Verlag.

Förderverein Umweltmediation e. V. (1999a): Standards für Umweltmediation. In: KON:SENS 2. Jg. H. 4, S. 247-250.

Förderverein Umweltmediation e. V. (1999b): Standards für Umweltmediation. In: Ders. (Hrsg.): Studienbrief Umweltmediation. Eine interdisziplinäre Einführung. – Bonn: Förderverein Umweltmediation, S. 258-265.

Literatur

Fuchs, Gerd (1999): Umweltmediation – Die volkswirtschaftliche Sicht. In: Förderverein Umweltmediation e. V. (Hrsg.): Studienbrief Umweltmediation. Eine interdisziplinäre Einführung. – Bonn: Förderverein Umweltmediation, S. 234-236.

Fuchs, Gerd u. Hehn, Marcus (1999): Umweltmediation. – Bonn: Förderverein Umweltmediation.

Fuchs, Gerd, Hehn, Marcus u. Kostka, Dieter (1998): Umweltmediation. – Bonn: Förderverein Umweltmediation.

Gaßner, Hartmut, Holznagel, Bernd u. Lahl, Uwe (1992): Mediation: Verhandlungen als Mittel der Konsensfindung bei Umweltstreitigkeiten. – Bonn: Economica.

Glasl, Friedrich (1992): Konfliktmanagement: ein Handbuch zur Diagnose und Behandlung von Konflikten für Organisationen und ihre Berater. – Bern: Verlag Paul Haupt.

Günther, Beate (1999a): Mediation in öko-sozialen Gestaltungsprozessen. In: Apel, Heino u. Günther, Beate: Mediation und Zukunftswerkstatt: Prozeßwerkzeuge für die lokale Agenda 21. – Frankfurt a. M.: Deutsches Institut für Erwachsenenbildung, S. 34-150.

Günther, Beate (1999b): Umweltmediation – Die pädagogische Sicht. In: Förderverein Umweltmediation e. V. (Hrsg.): Studienbrief Umweltmediation. Eine interdisziplinäre Einführung. – Bonn: Förderverein Umweltmediation, S. 239-241.

Hanf, Kenneth u. Koppen, Ida (1994): Alternative Decision-Making Techniques for Conflict Resolution. Environmental Mediation in the Netherlands. (Schriften zu Mediationsverfahren im Umweltschutz Nr. 5) – Berlin: WZB Discussion Paper FS II 94-321.

Hehn, Marcus (1996): Nicht gleich vor den Richter... – Mediation und rechtsförmliche Konfliktregelung. – Bochum: Universitätsverlag Dr. N. Brockmeyer.

Hehn, Marcus (1999a): Standards für Umweltmediation. In: KON:SENS 2. Jg. H. 4, S. 246-247.

Hehn, Marcus (1999b): Gesetzliche Möglichkeiten zum Einsatz eines Verfahrensmittlers im öffentlichen Recht. In: Förderverein Umweltmediation e. V. (Hrsg.): Studienbrief Umweltmediation. Eine interdisziplinäre Einführung. – Bonn: Förderverein Umweltmediation, S. 199-211.

Literatur

Hehn, Marcus (1999c): Umweltmediation – Die juristische Sicht. In: Förderverein Umweltmediation e. V. (Hrsg.): Studienbrief Umweltmediation. Eine interdisziplinäre Einführung. – Bonn: Förderverein Umweltmediation, S. 226-227.

Holzinger, Katharina (1995): Bisherige Erfahrungen mit Mediation in Deutschland: Abfallwirtschaftskonzept Neuss. In: Arbeitsgemeinschaft für Umweltfragen e. V. (Hrsg.): Aktuell: Umweltkongreß Düsseldorf 1995: Umweltmediation in Deutschland. Innovative Formen bei Regelungen von Umweltkonflikten. (Schriftenreihe „Das Umweltgespräch" Nr. 49) – Bonn, S. 47-52.

Holzinger, Katharina (1997): Evaluating Environmental Mediation – Mediation in the Waste Management Programme of Neuss County, Germany. Results of a Participant Survey. (Schriften zu Mediationsverfahren im Umweltschutz Nr. 18) – Berlin: WZB Discussion Paper FS II 97-304.

Jeglitza, Matthias u. Hoyer, Carsten (1998): Deutsche Verfahren alternativer Konfliktlösung bei Umweltstreitigkeiten – Eine Dokumentation. In: Zilleßen, Horst (Hrsg.): Mediation: kooperatives Konfliktmanagement in der Umweltpolitik. – Opladen: Westdeutscher Verlag, S. 137-183.

Kasek, Leonhard (1994): CONTRA Umweltmediation. In: Arbeitsgemeinschaft für Umweltfragen e. V. (Hrsg.): Aktuell: Regionale Umweltveranstaltungen ´94: Umweltmediation in Deutschland. Konfliktregelungen im Umweltschutz. Das Mediationsverfahren als neue Form der Konsensfindung. (Schriftenreihe „Das Umweltgespräch" Nr. 48) – Bonn, S. 47-50.

Kessen, Stefan u. Zilleßen, Horst (1999): Leitbilder der Mediation. In: Förderverein Umweltmediation e. V. (Hrsg.): Studienbrief Umweltmediation. Eine interdisziplinäre Einführung. – Bonn: Förderverein Umweltmediation, S. 43-59.

Kostka, Dieter (1999a): Umweltmediation im gesellschaftlichen Kontext Deutschlands. In: Förderverein Umweltmediation e. V. (Hrsg.): Studienbrief Umweltmediation. Eine interdisziplinäre Einführung. – Bonn: Förderverein Umweltmediation, S. 61-79.

Literatur

Kostka, Dieter (1999b): Umweltmediation – Die verwaltungswissenschaftliche Sicht. In: Förderverein Umweltmediation e. V. (Hrsg.): Studienbrief Umweltmediation. Eine interdisziplinäre Einführung. – Bonn: Förderverein Umweltmediation, S. 228-230.

Moore, Christopher W. (1986): The Mediation Process – Practical Strategies for Resolving Conflict. – San Francisco London: Jossey-Bass Publishers.

Müller, Michael (1994): Vorwort – Konfliktbewältigung durch Mediationsverfahren. In: Claus, Frank u. Wiedemann, Peter M. (Hrsg.): Umweltkonflikte: Vermittlungsverfahren zu ihrer Lösung – Praxisberichte. – Taunusstein: Eberhard Blottner Verlag, S. 7-9.

Proksch, Roland (1995): Geschichte der Mediation. In: Krabbe, Heiner (Hrsg.): Scheidung ohne Richter – Neue Lösungen für Trennungskonflikte. – Reinbek: Rowohlt, S. 170-189.

Proksch, Roland (1998): Curriculum einer Mediationsausbildung – Lehrbrief 1 – Teil 1: Allgemeine Grundlagen der Mediation. In: KON:SENS 1. Jg. H. 2, S. 113-119.

Proksch, Roland (1999a): Curriculum einer Mediationsausbildung – Lehrbrief 2 – Teil 2: Mediation als Kulturinstrument menschlichen Streit- und Kommunikationsverhaltens. In: KON:SENS 2. Jg. H. 1, S. 41-45.

Proksch, Roland (1999b): Curriculum einer Mediationsausbildung – Lehrbrief 2 – Teil 3: Mediation als Kulturinstrument menschlichen Streit- und Kommunikationsverhaltens. In: KON:SENS 2. Jg. H. 3, S. 171-177.

Proksch, Roland (1999c): Curriculum einer Mediationsausbildung – Lehrbrief 2 – Teil 4: Praktische Einsatzmöglichkeiten von Mediation. In: KON:SENS 2. Jg. H. 4, S. 229-238.

Renn, Ortwin (1995): Umweltkonflikte und innovative Konfliktregelungen, Möglichkeiten und Grenzen diskursiver Verfahren. In: Arbeitsgemeinschaft für Umweltfragen e. V. (Hrsg.): Aktuell: Umweltkongreß Düsseldorf 1995: Umweltmediation in Deutschland. Innovative Formen bei Regelungen von Umweltkonflikten. (Schriftenreihe „Das Umweltgespräch" Nr. 49) – Bonn, S. 19-34.

Literatur

Runkel, Sabine (1996): Umweltkonflikte sachgerecht lösen. Umweltmediation in Deutschland und den USA. – Bochum: Universitätsverlag Dr. N. Brockmeyer.

Runkel, Sabine (1999): Umweltmediation – Die betriebswirtschaftliche Sicht. In: Förderverein Umweltmediation e. V. (Hrsg.): Studienbrief Umweltmediation. Eine interdisziplinäre Einführung. – Bonn: Förderverein Umweltmediation, S. 237-239.

Schrader, Christian (1999): Mediation im Umweltgesetzbuch. In: KON:SENS 2. Jg. H. 3, S. 155-160.

Siemon, Susanne (1999): Umweltmediation – Die geographische Sicht. In: Förderverein Umweltmediation e. V. (Hrsg.): Studienbrief Umweltmediation. Eine interdisziplinäre Einführung. – Bonn: Förderverein Umweltmediation, S. 233-234.

Stimec, Arnaud (1999): Grenzen der Mediation. In: KON:SENS 2. Jg. H. 4, S. 212-219.

Striegnitz, Meinfried (1992): Vorwort – Vom Dissens zum Konsens. In: Gaßner, Hartmut, Holznagel, Bernd u. Lahl, Uwe (1992): Mediation: Verhandlungen als Mittel der Konsensfindung bei Umweltstreitigkeiten – Bonn: Economica, S. VII-X.

Susskind, Lawrence u. Cruikshank, Jeffrey L. (1987): Breaking the Impasse – Consensual Approaches to Resolving Public Disputes. – New York: Basic Books.

Tils, Ralf (1997): „Vorsicht: Mediation!" – Chancen und Risiken der Umweltmediation aus der Perspektive von Umweltverbänden und Bürgerinitiativen. In: Forschungsjournal NSB 10. Jg. H. 4, S. 43-52.

Troja, Markus (1997): Zulassungsverfahren, Beschleunigung, Mediation. Ansätze zur Verbesserung konflikträchtiger Verwaltungsentscheidungen im Umweltbereich. In: Zeitschrift für Umweltpolitik & Umweltrecht 20. Jg. H. 3, S. 317-342.

Troja, Markus (1998a): Politische Legitimität und Mediation. In: Zilleßen, Horst (Hrsg.): Mediation: kooperatives Konfliktmanagement in der Umweltpolitik. – Opladen: Westdeutscher Verlag, S. 77-107.

Literatur

Troja, Markus (1998b): Umweltkonfliktmanagement durch Mediation. In: Damkowski, Wulf u. Precht, Claus (Hrsg.): Moderne Verwaltung in Deutschland. Public Management in der Praxis. – Stuttgart: Kohlhammer, S. 427-442.

Voßebürger, Petra (1999): Umweltmediation – Die planerische Sicht. In: Förderverein Umweltmediation e. V. (Hrsg.): Studienbrief Umweltmediation. Eine interdisziplinäre Einführung. – Bonn: Förderverein Umweltmediation, S. 232-233.

Weidner, Helmut (1995): Internationale Erfahrungen mit alternativen Verfahren bei Umweltkonflikten. In: Arbeitsgemeinschaft für Umweltfragen e. V. (Hrsg.): Aktuell: Umweltkongreß Düsseldorf 1995: Umweltmediation in Deutschland. Innovative Formen bei Regelungen von Umweltkonflikten. (Schriftenreihe „Das Umweltgespräch" Nr. 49) – Bonn, S. 35-46.

Weidner, Helmut (1996): Umweltkooperationen und alternative Konfliktregelungsverfahren in Deutschland. Zur Entstehung eines neuen Politiknetzerkes. (Schriften zu Mediationsverfahren im Umweltschutz Nr. 16) – Berlin: WZB Discussion Paper FS II 96-302.

Weidner, Helmut (1999a): Internationale Erfahrungen mit Umweltmediation. In: Förderverein Umweltmediation e. V. (Hrsg.): Studienbrief Umweltmediation. Eine interdisziplinäre Einführung. – Bonn: Förderverein Umweltmediation, S. 135-163.

Weidner, Helmut (1999b): Umweltmediation – Die politikwissenschaftliche Sicht. In: Förderverein Umweltmediation e.V. (Hrsg.): Studienbrief Umweltmediation. Eine interdisziplinäre Einführung. – Bonn: Förderverein Umweltmediation, S. 230-232.

Wiedemann, Peter M. (1994): Mediation bei umweltrelevanten Vorhaben: Entwicklungen, Aufgaben und Handlungsfelder. In: Claus, Frank u. Wiedemann, Peter M. (Hrsg.): Umweltkonflikte: Vermittlungsverfahren zu ihrer Lösung – Praxisberichte. – Taunusstein: Eberhard Blottner Verlag, S. 177-194.

Literatur

Wiedemann, Peter M. u. Claus, Frank (1994): Konfliktmittlung bei umweltrelevanten Vorhaben. Ein Resümee. In: Claus, Frank u. Wiedemann, Peter M. (Hrsg.): Umweltkonflikte: Vermittlungsverfahren zu ihrer Lösung – Praxisberichte. – Taunusstein: Eberhard Blottner Verlag, S. 228-235.

Zieher, Anita (1999): Akzeptanz von Mediation im Umweltbereich – Ergebnisse einer österreichischen Studie. In: KON:SENS 2. Jg. H. 4, S. 224-229.

Zilleßen, Horst (1996): Umweltmediation. In: Gottwald, Walther (Hrsg.): Handbuch zur außergerichtlichen Konfliktregelung. Nr. 5.2.15. – Bonn Potsdam, S. 1-19.

Zilleßen, Horst (1998a): Mediation als kooperatives Konfliktmanagement. In: Ders. (Hrsg.): Mediation: kooperatives Konfliktmanagement in der Umweltpolitik. – Opladen: Westdeutscher Verlag, S. 17-38.

Zilleßen, Horst (1998b): Institutionalisierung von Mediation in den USA und in anderen Ländern. In: Ders. (Hrsg.): Mediation: kooperatives Konfliktmanagement in der Umweltpolitik. – Opladen: Westdeutscher Verlag, S. 39-47.

Zilleßen, Horst (1998c): Das politische, gesellschaftliche und rechtliche Umfeld für Umweltmediation in Deutschland. Theoretische Erkenntnisse und praktische Ansätze. In: Ders. (Hrsg.): Mediation: kooperatives Konfliktmanagement in der Umweltpolitik. – Opladen: Westdeutscher Verlag, S. 48-76.

Danksagung

Danken möchte ich all denen, die mir bei der Erstellung dieses Buchs behilflich waren.

Frau Prof. Dr. Rohr danke ich für eine Reihe von fruchtbaren Gesprächen, durch die ich einige wichtige Anregungen erhalten habe.

Frau Ulla Marburger danke ich für ihre Geduld und für die konstruktive Durchsicht der Arbeit.

Frau Kirsti Ohr danke ich ebenfalls für die Durchsicht dieser Arbeit.

Meinen Eltern Elfi und Leo Neuert danke ich für ihre Unterstützung.

www.ingramcontent.com/pod-product-compliance
Lightning Source LLC
Chambersburg PA
CBHW020128010526
44115CB00008B/1025